新疆科技金融发展模式研究

XINJIANG KEJI JINRONG FAZHAN
MOSHI YANJIU

马雄亚 著

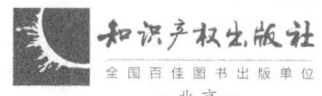

知识产权出版社
全国百佳图书出版单位
——北京——

图书在版编目（CIP）数据

新疆科技金融发展模式研究/马雄亚著. —北京：知识产权出版社，2022.2
ISBN 978-7-5130-8060-6

Ⅰ.①新… Ⅱ.①马… Ⅲ.①科学技术–金融–发展模式–研究–新疆 Ⅳ.①F832.745
中国版本图书馆 CIP 数据核字（2022）第 011885 号

内容提要

本书介绍了国内外在金融促进科技发展方面的一些成功模式和案例，构建了科技金融体系框架结构，划分了我国科技金融体系发展阶段并提出了驱动发展的五维概念模型，厘清了新疆科技金融发展现状及运行特征，对我国 31 个省（自治区、直辖市）和新疆 14 个地州市科技金融效率进行评价，结合国内外典型的科技金融发展模式，提出了新疆未来的科技金融发展模式及递进路径。

本书可供科技金融领域的研究学者、从业人员使用。

责任编辑：尹娟   责任印制：孙婷婷

新疆科技金融发展模式研究
XINJIANG KEJI JINRONG FAZHAN MOSHI YANJIU

马雄亚　著

出版发行：知识产权出版社有限责任公司	网　　址：http://www.ipph.cn
电　话：010 – 82004826	http://www.laichushu.com
社　　址：北京市海淀区气象路 50 号院	邮　编：100081
责编电话：010 – 82000860 转 8763	责编邮箱：laichushu@cnipr.com
发行电话：010 – 82000860 转 8101	发行传真：010 – 82000893
印　刷：北京建宏印刷有限公司	经　销：新华书店、各大网上书店及相关专业书店
开　　本：720mm×1000mm　1/16	印　张：10.75
版　次：2022 年 2 月第 1 版	印　次：2022 年 2 月第 1 次印刷
字　数：164 千字	定　价：68.00 元

ISBN 978-7-5130-8060-6

前　言

　　科技金融是政府、金融部门、资本市场、社会资本和中介机构通过财政的、直接的、间接的或综合性的融资方式，支持促进企业、科研院所、大专院校进行技术创新活动（包括基础研究、应用开发、成果转化及产业化）的行为。国内外在金融促进科技发展方面有很多成功的模式和案例。作为丝绸之路经济带核心区，新疆实施创新驱动发展战略、建设"创新型新疆"，需要引导金融资源更多更好地向科技创新领域投入，需要设计符合实际的科技金融发展模式。

　　本书在理论研究和实证分析的基础上，剖析我国科技金融体系的构成要素及其交易关系，梳理我国科技金融体系的发展历程及驱动因素；厘清新疆科技金融发展现状、运行特征与效率，提出新疆未来科技金融发展模式、递进路径及政策建议。本书主要内容包括：

　　第一章绪论。提出研究背景与意义、研究目标、主要内容、研究方法、技术路线和主要的创新点等。

　　第二章理论基础与文献综述。在梳理科技金融相关理论和文献调研的基础上，界定科技金融的内涵及其与普通金融的异同。

　　第三章科技金融发展模式的比较分析。通过分析美国、日本、印度等国家和北京、广东、厦门、江苏、成都等省市科技金融发展模式以及硅谷银行、斯坦福大学及史太白技术转移机构等典型案例，得到对新疆科技金融模式的启示。

　　第四章科技金融发展模式的驱动机制分析。在分析科技金融各参与方目标函数、主导产品和交易关系的基础上，构建科技金融框架结构图，划分我国科技金融发展阶段，提出驱动发展的五维模型，并用结构方程模型对五维模型进行验证性因子分析。

　　第五章新疆科技金融发展模式现状分析。通过访谈、问卷调查的形式对新疆科技金融各参与主体,对典型区县、高新技术企业、众创空间进行案例分析,厘清新疆科技金融的资源禀赋、现行"5+4+2"模式及其运行特征。

第六章新疆科技金融投入产出效率评价研究。构建涵盖政府、银行、证券市场、风投市场、保险市场、债券市场在内的多投入指标体系和涵盖经济与科技的多产出指标体系,用数据包络分析(Data Envelopment Analysis,DEA)结合 Malmuquist 指数方法,用 2008—2015 年面板数据,测度我国 31 省(自治区、直辖市)和新疆 14 地州市科技金融效率。

第七章新疆科技金融发展模式设计及系统仿真。设计新疆科技金融发展模式及其递进路径,并用系统动力学仿真模拟分析投资主体改变投入规模与结构对科技产出的影响。

第八章结论与展望。总结研究结论与创新点,提出保障措施。

本书的主要创新点体现在以下几个方面。

(1)在理论基础研究与文献调研的基础上,对科技金融的概念进行了界定:科技金融是在技术驱动经济长期发展的背景下,金融机构和政府等多元主体在科技创新与产业化领域进行的以需求为主导的资金配置模式。分析了科技金融参与主体的目标、产品与交易关系,构建了科技金融框架结构图;以经济、科技与金融发展的大事记作为标段,将我国科技金融发展历程划分为萌芽阶段、起步阶段和成长阶段;提出并用 SEM 模型验证了驱动我国科技金融发展的五维概念模型。

(2)根据科技金融多投入主体的特点,创新性构建了科技金融效率投入产出指标体系,较全面地选取了地方财政科技支出、科技贷款余额、上市科技型企业市值、风险投资机构管理资金总额、信用债券发行量、保费收入作为投入变量,来分别代表政府、银行、证券市场、风投市场、债券市场和保险市场对科技的支持。运用 DEA 结合 Malmuquist 指数方法,对我国 31 个省(自治区、直辖市)和新疆 14 地州市科技金融效率进行了测度评价。

(3)在分析比较国内外科技金融典型模式的基础上,结合新疆实际,提出未来新疆科技金融发展的"科技基金+科技信贷+科企上市+风险投资+

科技保险"为一体的"集成式科技金融模式",提出该模式由乌鲁木齐高新技术产业开发区和经济技术开发区、乌鲁木齐市、乌昌石自主创新示范区到创新驱动发展试验区"五地七区"再到全疆辐射递进的路径。设计三种情境运用系统动力学模拟分析投资主体增加投入后对高新技术产值的影响,结论有:①同时增加财政科技投入、银行科技贷款、科技企业债券、风险投资、科技企业证券市场融资、科技保险规模比分别增加每一项主体规模,对高新技术产值更有促进作用;②分别增加投资主体规模的模拟试验中,财政科技投入对高新技术产值产出增长作用最为显著;③财政科技投入增加 10%引导科技贷款、风险投资、保险投入分别增长 20%的组合,更有助于科技产出的提升。

虽然本书对新疆科技金融发展模式的研究进行了有益尝试,但鉴于本人学识所限和统计数据缺失,仍感到在微观研究和指标考量等方面还存在局限。希望能在今后做进一步的探讨。

目 录
CONTENTS

第1章 绪论

1.1 选题背景及意义 ……………………………………… 1
  1.1.1 选题背景 ………………………………………… 1
  1.1.2 选题意义 ………………………………………… 8
1.2 研究目标和研究内容 ……………………………… 10
  1.2.1 研究目标 ……………………………………… 10
  1.2.2 研究内容 ……………………………………… 10
1.3 研究方法与技术路线 ……………………………… 11
  1.3.1 研究方法 ……………………………………… 11
  1.3.2 技术路线 ……………………………………… 11
1.4 主要创新点 ………………………………………… 12

第2章 理论基础与文献综述

2.1 科技金融的理论基础 ……………………………… 14
  2.1.1 经济增长理论 ………………………………… 14
  2.1.2 技术创新理论 ………………………………… 15
  2.1.3 金融投资理论 ………………………………… 16
  2.1.4 信息经济学理论 ……………………………… 18
2.2 国内外科技金融文献计量分析 …………………… 19
2.3 国内外科技金融发展研究现状 …………………… 22
  2.3.1 科技金融的概念界定 ………………………… 22

2.3.2 科技金融的范畴 ·· 24

2.3.3 金融支持技术创新的绩效评价及影响因素 ··············· 34

2.3.4 文献评述 ··· 36

第3章 科技金融发展模式的比较分析

3.1 典型国家的科技金融发展模式 ······································ 40

3.1.1 资本主导型——美国 ··· 40

3.1.2 银行主导向市场主导过渡型——日本 ························ 43

3.1.3 政府主导型——印度 ··· 45

3.2 国内典型区域的科技金融发展模式 ································ 47

3.2.1 北京 ··· 47

3.2.2 广东 ··· 49

3.2.3 厦门 ··· 51

3.2.4 江苏 ··· 52

3.2.5 成都 ··· 53

3.3 典型案例 ·· 57

3.3.1 硅谷银行金融集团模式 ·· 57

3.3.2 美国斯坦福大学 OTL 模式 ······································· 59

3.3.3 德国史太白模式 ··· 59

3.4 对新疆的启示 ·· 61

3.5 小结 ··· 62

第4章 科技金融发展模式的驱动机制分析

4.1 科技金融构成要素分析 ·· 63

4.1.1 参与主体及其目标函数与约束条件 ··························· 63

4.1.2 产品类型与适用匹配 ··· 66

4.1.3 科技金融框架结构图 ··· 74

4.2 科技金融发展阶段 ·· 76

4.3 科技金融发展模式驱动机制的理论与实证分析 ··············· 78

4.3.1 理论分析 ··· 78

4.3.2 实证分析 ……………………………………………… 82

4.4 小结 ……………………………………………………… 90

第5章 新疆科技金融发展模式现状分析

5.1 新疆科技金融体系的资源禀赋 ……………………………… 91

5.1.1 科技资源 …………………………………………… 91

5.1.2 财政资源 …………………………………………… 92

5.1.3 金融资源 …………………………………………… 93

5.1.4 中介机构资源 ……………………………………… 93

5.2 新疆科技金融发展模式与典型案例分析 …………………… 95

5.2.1 新疆科技金融发展的"5+4+2"模式 ………………… 95

5.2.2 典型案例 …………………………………………… 97

5.3 新疆科技金融模式的运行特征：

基于对新疆科技金融参与主体的现状调研 ………… 102

5.3.1 政府 ………………………………………………… 103

5.3.2 金融机构 …………………………………………… 104

5.3.3 资本市场 …………………………………………… 105

5.3.4 企业 ………………………………………………… 107

5.3.5 中介机构 …………………………………………… 107

5.3.6 总体运行特征分析 ………………………………… 109

5.4 小结 ……………………………………………………… 109

第6章 新疆科技金融投入产出效率评价研究

6.1 基本理论和模型 ………………………………………… 111

6.1.1 方法概述 …………………………………………… 111

6.1.2 基本模型 …………………………………………… 112

6.1.3 DEA效率评价方法的国内外研究进展 ……………… 112

6.2 新疆科技金融投入产出效率评价及其与其他省市的比较 ……… 114

6.2.1 指标体系的建立 …………………………………… 114

6.2.2 数据来源 …………………………………………… 117

6.2.3 实证分析与结论 ……………………………………… 117

6.3 新疆14个地州市科技金融效率评价 ……………………… 123

6.3.1 指标体系的建立 ……………………………………… 123

6.3.2 数据来源 ………………………………………………… 124

6.3.3 实证分析与结论 ……………………………………… 124

6.4 小结 …………………………………………………………… 129

第7章 新疆科技金融发展模式设计及系统仿真

7.1 新疆科技金融发展模式设计 ……………………………… 130

7.1.1 模式递进原则与路径 ………………………………… 130

7.1.2 模式设计 ………………………………………………… 132

7.2 新疆科技金融政策系统动力学仿真 ……………………… 136

7.2.1 方法概述 ………………………………………………… 136

7.2.2 系统动力学流程图 …………………………………… 137

7.2.3 模型测试 ………………………………………………… 139

7.2.4 情境设置与模拟 ……………………………………… 139

7.2.5 结果分析 ………………………………………………… 142

7.3 小结 …………………………………………………………… 143

第8章 结论与展望

8.1 结论 …………………………………………………………… 144

8.2 策略建议 ……………………………………………………… 146

8.2.1 设立机构完善法规 …………………………………… 146

8.2.2 培育中介服务机构 …………………………………… 146

8.2.3 建设信息服务平台 …………………………………… 146

8.2.4 培养科技金融人才 …………………………………… 147

8.3 展望 …………………………………………………………… 147

参考文献 …………………………………………………………… 149

第1章

绪　论

1.1　选题背景及意义

1.1.1　选题背景

科技金融作为一个年轻的交叉学科，是实务界、政策界和理论界长期共同研究探索的结果，是我国经济、科技、金融发展到一定阶段的产物。

早在1979年10月，邓小平同志就指出，银行要发挥经济发展和技术革新的杠杆作用，成为真正的银行。自20世纪80年代以来，国家有关部委、部分金融机构围绕科技信用贷款、创业风险投资、科技保险、科技担保、中小科技企业集合债券、科技银行、科技企业上市等问题出台了一系列激励政策，引导金融部门通过机制创新和产品创新促进技术进步和经济发展，并进行了一系列实践摸索，取得了一定实效，详见表1.1。

表 1.1　我国科技金融实践

阶段	时间	事件
改革开放初期	1980 年	《浙江省有偿科研经费管理办法》颁布，中国建设银行浙江分行第一次探索了科技贷款业务
	1984 年	中国工商银行正式开办科技开发贷款业务
	1985 年 3 月	《中共中央关于科学技术体制改革的决定》鼓励银行金融机构开创科技信贷业务服务，并监管科技经费的使用情况；支持设立创业投资，来扶持瞬息万变、较大风险的高技术开发工作
	1985 年 9 月	国内第一家创业投资公司——中国新技术创业投资公司经国务院批准正式成立

续表

阶段	时间	事件
20 世纪 90 年代中后期	1990—1991 年	中国人民银行、中国工商银行、中国人民建设银行、中国农业银行、交通银行、中国银行先后开展了科技开发贷款业务
	1991 年 2 月	国家科学技术委员会、财政部和中国工商银行联合发起成立"科技风险开发事业中心"
	1992 年 11 月	中国科技金融促进会成立
	1992 年	第一家地方性科技风险基金——沈阳市科技开发风险基金成立
	1993 年	国内第一家科技担保公司——中国经济技术投资担保公司创立
	1998 年 6 月	首批中国高新技术产业开发区企业债券成功发行
	1999 年 3 月	中国第一家高科技企业——有研半导体材料股份有限公司成功上市
	1999 年 12 月	《关于建立风险投资机制的若干意见》（国办发〔1999〕105 号）出台
	2004 年 5 月	中小企业板在深圳证券交易所推出
	2004 年 6 月	首批"新八股"在深圳证券交易所中小企业板上市
	2005 年 11 月	《创业投资企业管理暂行办法》发布
《国家中长期科学和技术发展规划纲要》发布后	2006 年 1 月	"中关村科技园区非上市股份有限公司进入证券公司代办股份转让系统进行股份报价转让试点"启动
	2006 年 12 月	《财政部关于进一步支持出口信用保险为高新技术企业提供服务的通知》出台
	2007 年 3 月	《科技部、中国保监会关于开展科技保险创新试点工作的通知》印发
	2009 年 10 月	创业板开板，首批 28 家企业首发上市
《中华人民共和国国民经济和社会发展第十二个五年规划纲要》发布后	2010 年 12 月	科技部与一行三会❶联合印发《关于促进科技和金融结合试点实施方案的通知》
	2011 年 10 月	科技部与一行三会共同确定中关村科技园区等 16 个地区为首批开展促进科技和金融结合的试点地区
	2012 年 12 月	中国第一家科技银行——浦发硅谷银行在上海正式运营
	2014 年 1 月	《关于大力推进体制机制创新扎实做好科技金融服务的意见》出台

---

❶ "一行三会"，指中国人民银行、中国银行业监督管理委员会（以下简称"中国银监会"）、中国证券监督管理委员会（以下简称"中国证监会"）和中国保险监督管理委员会（以下简称"中国保监会"）。

续表

阶段	时间	事件
"十二五"国民经济和社会发展规划发布后	2014 年 8 月	全国中小企业股份转让系统做市转让方式正式上线,首批 43 家挂牌企业进行了做市转让交易
	2015 年	国务院《关于发展众创空间推进大众创新创业的指导意见》《关于大力推进大众创业万众创新若干政策措施的意见》《关于加快构建大众创业万众创新支撑平台的指导意见》先后出台

来源:根据相关资料整理。

相比现实实践,科技金融的理论研究略显滞后。"科技金融"一词最早由深圳市科技局在 1992 年的刊物《特区经济》上提出,但作为一个整体的、有现实意义的概念,是于 1994 年在中国科技金融促进会第一届理事会上被使用的。当时提出,我国的科技金融事业是为解决科技与经济"两张皮",满足二者结合的需要,在科技体制和金融体制双重改革推动的形势下起步的。随后,理论界开始围绕科技金融的概念界定、科技与金融结合的机理、不同金融制度安排对技术创新的支持作用,以及科技金融对战略性新兴产业、高新技术企业、科技型中小企业技术进步的促进作用等领域进行不断的研究探讨,形成一系列成果。

新疆作为西部欠发达地区,生态环境极其脆弱,必须转变传统的要素驱动型、资源依赖型的发展方式,转而依靠科技和金融"双引擎"来推动经济发展和社会进步。在经济发达省市如火如荼地开展科技金融政策研究与实践检验的带动下,在中关村科技园区等 16 个促进科技和金融结合试点运行五年后,新疆如何加强开展科技金融工作的紧迫感和责任感,发挥后发优势,制定切实可行的政策措施推动创新型新疆建设,需要理论探讨与实证研究。

(1) 贯彻创新驱动发展战略、建设创新型新疆需要科技金融。

《国家中长期科技发展规划纲要(2006—2020)》指出,2020 年我国要进入创新型国家行列,2050 年前后要成为科技强国。这是"两个一百年"目标的具体体现,当前重点是要加快建成创新型国家。党的十八大明确提出实施创新驱动发展战略,强调了科技创新在我国发展大局中的核心地位及对社会生产力提高和综合国力增强的战略支撑作用。十九大报告进一步将创新驱动上升为新时代、新阶段的一项基本国策,明确了其在支撑引领经济社会发展中的重要地位。实施创新驱动发展战略，基本目标是加快建设创新型国家，把我国从科技大国建设成科技强国。2013 年，新疆出台了《自治区党委 自治区人民政府关于实施创新驱动发展战略加快创新型新疆建设的意见》（新党发〔2013〕7 号），指出要使科技创新成为驱动经济发展的内生动能，通过科技体制改革和深化协同创新，发挥科技在"调转促"中的支撑作用，加快构筑具有新疆特色的区域创新体系和符合新疆实际的现代产业体系，加速新型工业化、农牧业现代化、新型城镇化、信息化和基础设施现代化同步发展，以推动新疆经济社会跨越发展，为繁荣富裕、和谐稳定的美好新疆建设夯实基础。贯彻落实国家创新驱动发展战略，建设创新型新疆，核心是要加强新疆的自主创新能力，充分发挥市场配置资源的基础性作用，推动以企业为主体的技术创新体系建设，这些离不开金融体系的支持。

（2）落实"一带一路"倡议、建设丝绸之路经济带核心区需要科技金融。

随着"一带一路"倡议的提出，新疆被中央定位为"丝绸之路经济带核心区"。为了抓住全面向西开放的重大历史机遇，落实丝绸之路经济带核心区建设实施意见和行动计划，新疆确定了区域性的文化科教中心、金融中心、交通枢纽中心、商贸物流中心、医疗服务中心"五大中心"建设。同时，科技部和自治区党委确定在新疆建设丝绸之路经济带创新驱动发展试验区，提出通过"十个一"工作（一个良好的创新创业氛围、一个强有力的领导机构、一个政府建设引导基金、一个人才特区、一个科技金融平台、一批创新型龙头企业、一个信息化平台、一个科技成果转化平台、一个国际科技合作平台、一个政策平台），实现"创新氛围浓厚、组织领导高效、人才高地诱人、科技金融丰厚、企业创新引领、旅游产业先行、国际商贸畅通"的具有新疆特色的创新驱动发展新格局与新模式。其中，打造科技金融平台是建设丝绸之路经济带创新驱动发展试验区的重要内容。

（3）激励大众创业、万众创新需要科技金融。

2015 年"大众创业、万众创新"大潮兴起。党中央、国务院为贯彻创新驱动发展战略，出台了《国务院办公厅关于发展众创空间推进大众创新创业的指导意见》《关于进一步做好新形势下就业创业工作的意见》《关于大力推进大众创业万众创新若干政策措施的意见》等一系列文件促进"双创"。新疆也在积极探索建立创新、创业、创客、创投"四创联动"新机制和"众创、众包、众扶、众筹"新模式,将创新与创业相结合、线上与线下相结合、孵化与投资相结合,城市与农村相结合,按照顶层设计、统筹部署、分类实施、多级联动的原则,通过市场化机制、专业化服务和资本化运作方式,形成多领域、多层级、全方位的创新创业服务体系,以形成全区大众创业、万众创新的新局面。2016 年上半年,新疆登记注册的企业达到 2.48 万户(含外资),注册资本 2296 亿元,分别比上年同期增长19.9%和 79.5%。大众创业、万众创新催生了众多科技型中小微企业,而缺乏创业时的筹建资金以及创新中的流转资金将是创客及科技型中小微企业遇到的最大瓶颈。新疆的传统金融体系以服务于大中型企业为主,其金融产品与科技型企业的贷款需求有一定差距,同时在服务创业创新型企业时存在普遍的信息不对称现象,缺乏有效甄别及处理小微企业的"软信息"能力,始终无法真正破解创业创新中融资难、融资贵的问题。因此,在"双创"背景下,研究科技金融对合理配置金融资源,为新疆创业创新提供有力的资金支持,带动新疆经济增长,促进当地就业,实现新疆的长治久安及稳定发展具有重要的实践意义。

(4)新疆科技事业发展需要科技金融。

新疆维吾尔自治区自成立至今,科技创新氛围不断优化,科技资金、科技人才、科技平台稳步增长,科技事业硕果累累,科技创新对经济社会发展的驱动作用显著增强。科技对农业发展的贡献率逐年提高,良种覆盖率超过90%;部分工业技术和高新技术,如自主研制的风电和光电装备、铁路牵引变压器和少数民族文字信息处理技术等,在全国处于"领跑"阶段;沙漠公路及其生态防护林工程建设项目达到国际先进水平,标志着科技在资源环境领域的重大突破。但是,由于科技投入整体落后、科技资源配置不均衡、企业技术创新主体地位尚未真正确立、政府宏观管理能力薄弱等原因,新疆整体创新动力仍然不足,创新能力依旧低下(由表 1.2 可以看出新疆科技进步指标观测值在全国的排名)。其中,财政科技投入严重不足是新疆科技事业发

表 1.2　2009—2015 年全国科技进步统计监测新疆观测值及排名表

指标	观测值							排名						
	2015年	2014年	2013年	2012年	2011年	2010年	2009年	2015年	2014年	2013年	2012年	2011年	2010年	2009年
科技进步环境	42.60	43.82	42.11	42.95	52.32	58.22	61.63	26	26	21	19	15	12	7
科技人力资源	58.90	59.05	58.96	58.84	83.73	81.45	82.65	24	24	22	16	4	4	4
科研物质条件	27.90	32.70	29.26	31.59	29.90	60.02	64.62	29	26	26	21	22	15	5
科技意识	35.50	34.64	32.49	33.14	32.86	25.46	30.60	18	17	17	18	22	22	20
科技活动投入	31.10	31.70	30.24	31.48	30.03	33.55	25.01	27	27	28	26	26	26	26
科技活动人力投入	58.40	60.28	56.30	67.99	63.66	72.63	50.59	26	25	27	25	24	25	25
科技活动财力投入	19.40	19.45	19.07	15.83	15.61	16.81	14.05	29	29	30	29	29	29	28
科技活动产出	24.60	18.63	13.70	22.85	39.31	36.79	40.02	22	28	28	21	14	12	11
科技活动产出水平	36.20	24.36	16.66	32.13	60.79	58.87	60.06	18	22	26	14	4	5	4
技术成果市场化	7.10	10.04	9.26	8.93	7.09	3.67	9.97	28	28	27	29	27	27	24
高新技术产业化	30.50	32.02	26.52	33.30	27.94	29.13	25.49	30	29	31	30	29	29	30
高新技术产业化水平	11.60	10.74	8.63	8.43	9.06	8.57	7.98	31	30	30	31	30	31	31
高新技术产业化效益	49.50	53.31	44.42	58.16	46.82	49.70	43.00	28	26	28	30	29	26	28
科技促进经济社会发展	60.70	61.51	58.77	56.95	62.43	60.54	59.99	24	18	18	21	22	19	17
经济发展方式转变	51.20	51.56	52.46	44.76	37.47	35.66	34.49	20	16	13	16	18	17	18
环境改善	64.20	62.03	64.08	66.85	65.42	59.25	59.90	30	30	30	28	30	29	29
社会生活信息化	72.80	75.50	65.51	70.13	96.80	96.64	96.47	23	14	19	26	20	17	10

数据来源：2009—2016 年《全国科技进步统计监测》。

展最重要的制约因素。因此，如何充分发挥财政资金的使用效率与效益，依托市场机制最大限度地调动社会资本向科技创新投入，是科技金融机制设计的重要内容。

（5）新疆金融业发展需要科技金融。

2007—2015 年部分省（自治区、直辖市）的财政科技支出如图 1.1 所示。新疆金融业"十二五"期间在多项支持政策下，取得了重大突破。一是金融总量实现新突破。"十二五"期间，新疆金融业增加值较"十一五"期间增长 2.5 倍，存贷款余额于 2013 年突破万亿元大关，贷款增速连续 38 个月位居全国前三，年均增速高出国家 6.9 个百分点，直接融资新增量是"十一五"的 4.6 倍。二是金融体系实现新突破。五年间新增各类金融机构 40 家、网点 805 个，形成了银行、证券、保险为主体，信托、租赁、财务、小贷、担保、期货、典当等公司为补充，各类机构蓬勃发展的良好态势。三是金融开放实现新突破。2010 年以来，跨境人民币创新深入推进，利率、汇率市场化改革、存款保险制度在疆有序落实，金融对外合作机制不断健全，人民币在周边国家影响力显著扩大。

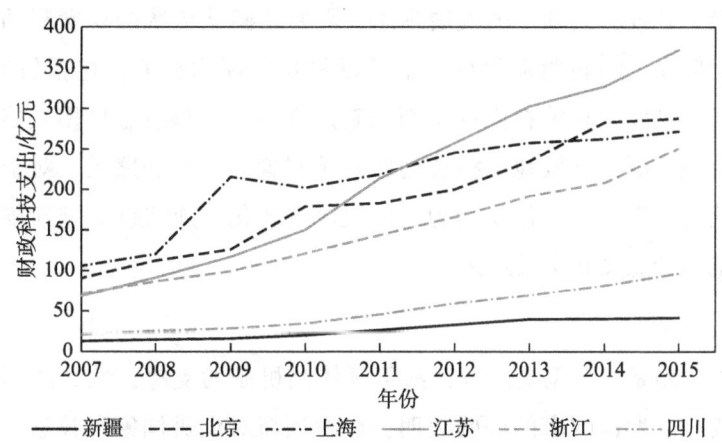

图 1.1 2007—2015 年部分省（自治区、直辖市）的财政科技支出

数据来源：国家统计局网站 http://www.stats.gov.cn/tjsj/。

但是，新疆金融支持科技创新的力度还需要进一步加大。主要表现在：银行仍然是支持企业技术创新融资的主要渠道，融资方式非常单一；由于担保机构、评级机构等数量和专业化程度都缺乏等原因，新疆金融创新一直跟不上科技创新的步伐，虽然也开展了类似知识产权质押贷款、股权质押贷款、电子商务信用贷款等创新性的融资模式，但因为评估难、变现难，这些质押方式并未达到预期效果。2015 年年末，全区大型企业和小微企业贷款增速下降幅度较大，与上年同期相比，贷款增速分别下降 8.8 个百分点和 15.8 个百分点。马卫刚等（2014）的研究表明，新疆的金融投入对科技创新活动和创新产出指标增长的推动作用不显著，科技和金融仍处于结合较低级的阶段。曾胜（2016）运用三阶段 DEA 模型分析了包括新疆在内的 30 个省（自治区、直辖市）金融支持科技创新的效率，通过 K 均值聚类分析后，把新疆划归于低效层阶段，说明新疆没有充分发掘、有效利用支持科技创新的金融资源，需要加大研究力度，分析原因，制定方略。

1.1.2 选题意义

目前，新疆面临大开发、大开放、大发展格局，坚持贯彻"创新、协调、绿色、开放、共享"的发展理念，需要新疆从传统的要素驱动型向创新驱动型转变。创新驱动发展，就是以科技创新为核心，包括机制创新、组织创新、制度创新等在内的全面创新。开展新疆科技金融模式研究，设计引导金融资源更有效地向科技创新领域配置的方法和路径，对于激发新疆创新活力、提高自主创新能力、加快成果转化、加快创新型新疆建设具有重要的理论意义和实践意义。

1. 理论意义

科技创新是一个系统工程，离不开体制机制的支撑，尤其离不开金融体系的支持。发达国家的经验表明，金融创新对促进国家科技进步、提升国家创新能力具有重要作用。新疆是欠发达地区，面对经济发展新常态，只有依靠科技的引擎、金融的燃料，才能组成发动机，为经济插上腾飞的翅膀。

本书的理论意义在于：在梳理基础理论、分析国内外文献资料的基础上，准确界定"科技金融"的内涵，构筑科技金融体系的理论框架结构图，分析科技金融体系的构成要素、发展阶段、驱动机制、主要模式及形成机理，提出体系内各参与主体的目标函数与约束条件、交易结构、产品类型与适用匹配，从而进一步充实国内科技金融领域的理论研究；同时，运用SEM 模型验证我国科技金融体系的五维驱动模型，运用调查问卷、调研访谈等方法剖析新疆科技金融发展的现状及其运行特征，运用 DEA 模型结合Malmuquist 指数方法测试我国 31 个省（自治区、直辖市）及新疆 14 地州市科技金融效率，运用系统动力学仿真方法研究新疆科技金融的发展模式，将大大丰富科技金融的定性、定量研究方法。

2. 实践意义

新疆科技金融工作起步晚、涉及部门多，参与个体有科技厅、发展和改革委员会、经济和信息化委员会（以下简称"经信委"）、金融服务办公室（以下简称"金融办"）、银行、证券、保险、担保、中介、企业、科研院所与大专院校等，藉此研究可厘清新疆科技金融工作的现状、问题、规模和结构，为今后自治区顶层设计、系统有效、全方位地开展科技金融工作奠定基础。

（1）为政府部门制定科技金融宏观政策提供决策依据。

在理论研究和实证分析的基础上，本书将提出新疆科技金融的发展策略与保障措施，就未来 5~10 年新疆科技金融的发展理念、总体思路、战略定位、战略目标、发展模式、路径选择，以及人才激励、制度保障等提出具体的、可操作性的意见建议，为自治区党委、人民政府制定相关政策提供决策参考。

（2）为新疆金融机构创新和金融产品创新、营造有利于"双创"的金融环境提供借鉴。

通过对美国、日本、印度等国家和北京、广东、厦门、江苏、成都等省市的经验做法进行比较分析，通过对乌鲁木齐经济开发区进行典型案例分析，结合新疆实际和"双创"背景，本书将提出更符合新疆企业生命周期和成长阶段的科技金融支持路径，为建设更具新疆特色、更符合新疆实际的"科技银行""科技支行"等金融机构创新和支撑大专院校、科研单位成果转化及企业技术进步的金融产品创新提供方法借鉴。

（3）为高新技术企业、科技型中小微企业融资提供路径参考。

科技金融的目标是通过金融手段提高企业自主创新能力，加大企业创新主体地位，从而推动整个社会的技术进步。本书将通过问卷调查方式，从微观层面分析高新技术企业、科研院所和大专院校的融资方式、融资渠道和融资结构，科学设计鼓励创新、宽容失败的科技金融产品，为企业解决融资难、融资贵问题提供路径参考。

1.2 研究目标和研究内容

1.2.1 研究目标

在运用文献调研、案例分析、问卷调研、面板模型等方法厘清新疆科技金融体系构成及其运行特征的基础上，本书旨在：

（1）采用结构方程模型分析驱动科技金融体系的机制因素，用 DEA 模型结合 Malmuquist 指数方法测度我国 31 个省（自治区、直辖市）和新疆 14 地州市的科技金融效率；

（2）设计新疆科技金融的发展模式，采用系统动力学、仿真模拟、情景分析的方法，结合相关政策进行仿真分析，设计新疆未来的科技金融发展模式，并提出路径选择与保障措施。

1.2.2 研究内容

本书共分八章。

第一章绪论。提出研究背景与意义、研究目标、主要内容、研究方法、技术路线和可能的创新点等。

第二章理论基础与文献综述。在梳理科技金融相关理论和文献调研的基础上，界定科技金融的内涵。

第三章科技金融发展模式的比较分析。对美国、日本、印度等国家和北京、广东、厦门、江苏、成都等省市的经验做法进行比较分析，对硅谷银行、斯坦福大学及史太白技术转移机构的典型模式进行案例分析。

第四章科技金融发展模式的驱动机制分析。分析科技金融各参与方目标函数、主导产品和交易关系的基础上，构建科技金融框架结构图，划分我国科技金融的发展阶段，用 SEM 模型对五维驱动概念模型进行验证性因子分析。

第五章新疆科技金融发展模式现状分析。访谈、问卷调查新疆科技金融各参与主体，对典型区县、高新技术企业、众创空间进行案例分析，厘清新疆科技金融的资源禀赋、现行模式及其运行特征。

第六章新疆科技金融投入产出效率评价研究。构建涵盖政府、银行、证券市场、风投市场、保险市场、债券市场在内的多投入指标体系和涵盖经济与科技的多产出指标体系，用 DEA 模型结合 Malmuquist 指数方法，用 2008—2015 年面板数据，测度我国 31 个省（自治区、直辖市）和新疆 14 地州市科技金融效率。

第七章新疆科技金融发展模式设计及系统仿真。设计新疆未来的科技金融发展模式、递进路径，并用系统动力学进行情境设置与仿真模拟。

第八章结论与展望。

1.3　研究方法与技术路线

1.3.1　研究方法

本研究采用定性与定量相结合的研究方法，主要包括文献调研法、调查问卷法、专家访问法、面板模型、结构方程模型、DEA 模型结合 Malmuquist 指数法、系统动力学等方法。

（1）定性方法：文献调研法、调查问卷法、专家访问法、案例分析法；

（2）相关数理统计分析研究方法：主要包括面板模型、结构方程模型、数据包络分析与 Malmuquist 指数结合、系统动力学等。

1.3.2　技术路线

本研究的技术路线如图 1.2 所示。

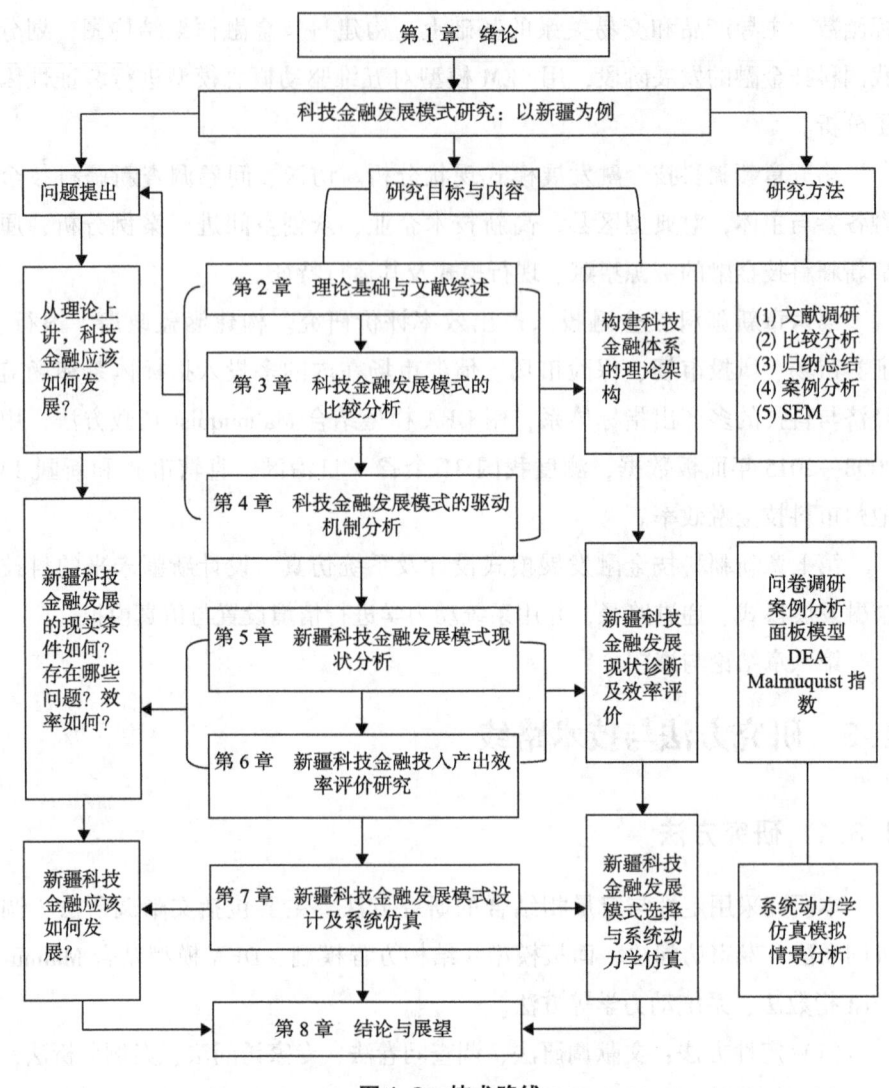

图 1.2 技术路线

1.4 主要创新点

（1）理论创新。在文献调研的基础上，对科技金融的内涵及其与传统金融的异同进行重新界定；在分析科技金融参与主体目标、产品与交易关系的基础上，勾勒科技金融体系框架结构图；对我国科技金融体系的发展阶段、驱动因素进行理论分析。

（2）方法创新。本研究将运用结构方程模型对我国科技金融体系驱动机制进行验证性因子分析，运用数据包络分析结合 Malmuquist 指数法测度我国 31 个省（自治区、直辖市）及新疆 14 个地州市科技金融的效率，运用系统动力学仿真研究新疆科技金融的发展模式，将大大丰富科技金融的定性、定量研究方法。

（3）实践创新。在梳理基础理论、分析国内外文献资料并进行定性定量研究的基础上，将系统提出新疆科技金融的发展理念、发展模式、路径选择及保障措施，为新疆政府引导、服务和监管科技金融提供决策依据，为金融机构创新和产品服务创新提供方法借鉴，为企业、科研院所和大专院校高效低成本融资提供路径参考。

第2章

理论基础与文献综述

2.1 科技金融的理论基础

科技金融属于交叉学科领域，其理论基础是经济学和金融学，主要包括经济增长理论、技术创新理论、金融投资理论和信息经济学理论等。

2.1.1 经济增长理论

经济增长理论是西方经济学理论的一个重要分支，主要围绕经济增长的动力源泉、内在机理和外部因素、经济持续性增长等问题开展研究，发展历程大致可以概括为三个阶段：古典经济增长理论、新古典增长理论和新增长理论。

古典经济增长理论将土地、劳动力和资本归纳为影响经济增长的三大因素。因为土地是固定的，所以经济增长主要取决于资本和劳动力的投入。亚当·斯密、大卫·李嘉图和托马斯·马尔萨斯是古典经济增长理论的代表人物，比较经典的模型是哈罗德—多玛模型。亚当·斯密的经济增长理论包含分工、交换、技术和制度四大要素，阐述了分工和资本积累有助于提高劳动生产率，进而促进经济增长的思想。李嘉图和马尔萨斯分别阐述了收入分配和人口增长对经济增长的影响。

新古典增长理论又称外生经济增长理论，主要由索洛、斯旺、米德和萨缪尔逊等人提出。他们把技术进步作为外生变量来解释经济增长，指出如果没有劳动的有效性，经济将会停滞不前；但是当存在外生的劳动有效性时，特别是在劳动有效性以哈罗德中性形式存在时，经济就能平衡增长。

新增长理论把因研究与开发、发明、创新等活动而形成的技术进步作为内生变量，肯定了技术进步在经济增长中的决定性作用，同时对技术进步的实现机制进行了一定的理论分析。1962 年阿罗提出了"干中学"模型，认为人们可以在学习过程中获取新知识，技术进步是知识的产物、学习的结果。新增长理论的标志性人物罗默提出了最具代表性的内生型生产函数模型，指出资本、非技术劳动、人力资本（包括正规教育、培训、在职学习等）和新思想（以专利数量衡量）是影响经济增长的四大生产要素。知识是经济增长的最重要的动力，投资于知识能够促进经济的发展。新增长理论还认为适当的政府干预有助于促进经济增长，这与新古典增长理论宣扬的"市场万能论"有显著差异。

2.1.2　技术创新理论

美籍奥地利经济学家约瑟夫·阿罗斯·熊彼特虽被称为"技术创新理论之父"，但亚当·斯密和马克思在技术创新研究史中的地位也不容忽视。亚当·斯密在其著作《国富论》和《论警察》的讲演中均提出分工有助于机械发明，从而减少劳动力投入、提高劳动生产率、促进国家富裕的中心思想。他意识到除了资本和劳动之外，还有一个促进经济增长的重要因素——技术进步。马克思认识到科学技术和发明创新，尤其是机器、铁路、电报的发明应用对经济增长的巨大作用。他说："资产阶级在不到一百年的阶级统治中创造出的生产力，比过去世代创造的全部生产力还要多、还要大。"马克思同时对技术创新持否定态度，他认为机器的使用造成劳动人口过剩，并增强了工人的劳动强度。这一观点使后来的马克思主义者对技术创新没有进行深入研究。

熊彼特在 1912 年出版的专著《经济发展理论》中首次提出了"创新"的概念，认为技术创新是资本主义经济增长的动力源泉。与以瓦拉尔为代表的新古典经济学主张的静态均衡过程不同，熊彼特认为资本主义经济发展是一个动态均衡过程，因为技术创新是质的、革命性的变化，而非量的变化。他提出了技术创新所遵循的发展模式（亦被后人称为"熊彼特企业家创新模型"），强调了企业家在重新组合生产要素、推动技术创新进而促进经济发展中的重要作用，认为企业家和企业家精神分别是创新的主体和精髓；同时，肯定了金融与技术创新的相互作用，认为金融信用制度是企业家组织技术创新不可或缺的保障条件，企业的技术创新需要金融的资金支持，创新活动的成败反过来又影响金融业的发展。

熊彼特的追随者和拥护者对其创新理论进一步深入研究，形成了新古典学派、新熊彼特学派、制度创新学派和国家创新系统学派四大理论学派。索洛是新古典经济增长模型的先驱，在《在资本化过程中的创新：对熊彼特理论的述评》中，他提出"两步论"，即创新成立的两个条件：新思想的产生与后期的实现、发展。在《技术进步与总生产函数》中，索洛用"索洛残差"测算出 1909—1949 年技术进步对美国制造业的贡献度。该学派认为技术创新是除资本和劳动之外、影响经济增长率的重要因素，在市场失灵的情况下，政府应采取调控手段，包括金融扶持、无偿资助、税收优惠、制定法律等，来保证技术的供给和需求。美中不足的是，该学派将技术创新视为"暗箱"，不能从微观层面剖析科技创新对经济增长的作用，不能有效刻画科技进步与创新活动的动态性特征和内部运作机制。以学者（Mansfield，1984；Kamienmi，1975）为代表的新熊彼特学派，围绕新技术推广、技术创新与企业组织、企业规模及市场结构的关系等问题，聚集"黑箱"内部运行机制的揭示，提出了许多技术创新模型，建立了新技术推广模式。以美国经济学家（Davis，1971；North，1992）为代表的制度创新学派，利用新古典经济学理论中的一般静态均衡和比较均衡方法，分析了金融组织、公司制度和工会制度等外部制度环境对技术创新的作用与影响，认为科学的制度安排和有效的产权结构能够促进经济增长，比如设立新技术的产权制度，可以保障技术创新活动的社会收益率与私人收益率近乎相等，激励技术创新。以英国学者（Freeman，2002）和美国学者（Nelson，Wright，1992）为代表的国家创新系统学派，认为技术创新不是企业的孤立行为，而是由包括政府部门、大学、科研机构和中介机构等在内的主体，辅以制度创新和组织创新的国家创新系统推动完成的。

2.1.3　金融投资理论

金融投资是一种间接投资，即投资者不是将资金直接投向社会再生产过程，而是投向金融市场的股票、债券、期权或其他金融衍生品来获取期望收益的一种经济活动。金融投资理论的研究对象是金融资产，研究的主要内容包括如何配置和选择金融资产、如何评估金融资产的风险、如何衡量金融资产的收益。

凯恩斯创立了传统金融投资理论，他认为所有的投资者是在对他人行为进行心理预期的基础上才得以做出投资决策，没有人能准确判断投资的收益前景和股息支付。凯恩斯的股票价格决定论是由心理因素决定的投机均衡论，他将股票市场喻为选美比赛，即某个姑娘面容姣好（企业基本面好），大家也一致认为她面容姣好（投资者有一致情绪），强调更多地运用心理原则而不是金融来估计股票价格及投资决策。

现代金融投资理论在传统金融投资理论"理性预期"的基础上，通过数理分析来计算金融资产的风险与收益，进而确定金融资产的价格和价值。现代金融投资理论的理论框架包括有效市场假说、资产组合理论、资本资产定价模型和套利定价理论。有学者（Fama，1970）在理性经济人和完全信息的基础上，提出了有效市场假说（EMH）。该假说包括三个重要内容：一是市场上的每个人都能理性地、审慎地对股票的风险和收益进行评估、权衡；二是股票市场上供求平衡，不存在套利的可能；三是股票的价格是公司资产信息的充分反映。诺贝尔经济学奖得主（Shiller，1984）对 EMH假说进行了拓展，他指出金融市场由两类投资者组成：一种是掌握充分信息的理性投资者，另外一种是泯然众人的噪声投资者。股票价格由其内在价值与噪音投资者的需求决定，是两者加权平均的结果。当理性投资者占有绝对影响力时，EMH 成立，即股票价格等于预期红利现值；当噪声投资者有绝对大的影响力时，股票价格就由噪声投资者决定。《动物精神：人类心理是如何驱动经济并且为何对全球资本主义至关重要》一书中指出，市场之所以失灵、宏观经济之所以波动，主要是由非理性的"动物精神"所引发。《证券组合选择：有效的分散化》中提出了资产组合理论，以均值和方差分别代表投资的预期收益和风险，阐明在风险既定的情况下，如何确定收益最高的资产组合。这一理论很好地总结了人们的投资经验：不要把鸡蛋放在一个篮子里，通过分散投资可以减少风险。有学者（Sharpe，1964；Lintner，1965；Mossin，1966）在资产组合理论的基础上发展了资本资产定价模型（CAPM），是现代金融市场价格理论的支柱。CAPM 数学模型简化了资产风险的测度，得出想要高回报就得投资高风险股票的结论。套利定价理论（APT）认为，套利行为是形成市场均衡价格的决定因素之一。APT用多个因素来解释风险资产收益，根据无套利原则，得到风险资产均衡收益与多个因素之间存在线性关系。

2.1.4 信息经济学理论

信息经济学是有关非对称信息下交易关系和契约安排的理论。从本质上讲，信息经济学是非对称信息博弈论在经济学上的应用。

所谓非对称信息，是指由于主观或客观原因，相互对应的经济个体之间掌握的信息不相同、不均等，一方个体掌握着信息主动或优势权，另一方个体则处于信息被动或劣势地位。由于信息差别产生的非对称信息根据主体不同分为三种类型：一是买卖双方之间的信息不对称；二是买方与买方之间的信息不对称；三是卖方与卖方之间的信息不对称。其中第一种尤为普遍。

产生于20世纪70年代的非对称信息理论研究的主要内容是：信息在交易双方的不对称分布的情况下交易行为和市场运行效率的变化。经济学把信息不对称条件下的市场交易双方之间的关系称为"委托—代理"关系，信息主动或优势方称为代理人，信息被动或劣势方称为委托人。"委托—代理"的实质是有信息差别的市场参与主体间的社会契约形式。非对称信息理论包括逆向选择理论和道德风险理论。逆向选择理论研究在契约达成之前，即事前的信息不对称，指信息主动或优势方隐藏信息或知识而造成的信息不对称；道德风险理论研究契约达成之后，即事后的信息不对称，指信息主动或优势方因隐藏行动而造成的信息不对称。20世纪80年代，信息不对称理论被引入金融市场的研究领域。有学者（Akerlof，1970）在哈佛大学的经济学期刊发表了论文，以旧车交易市场为例，通过构造"柠檬市场"模型说明了信息不对称导致劣质品驱逐优质品、劣币驱逐良币，最后导致整个市场瘫痪的结果。美国经济学家约瑟夫·斯蒂格利茨将信息不对称理论应用到保险市场，指出由于被保险人与保险公司间的信息不对称，客观上造成一般车主在买过车险后疏于保养，使得保险公司赔不胜赔。

非对称信息理论说明由于信息不对称所产生的逆向选择和道德风险问题，使交易不能达到理论上的帕累托最优，从而降低了市场交易的质量和效率。在现代金融市场中具体表现为具有信息优势的贷款企业由于隐瞒了不利信息而出现骗贷等问题，最终结果是处于信息劣势的银行积累了大量的呆账和坏账。信息不对称问题的存在不仅推动了经济博弈论的发展，还为政府有效地介入市场、解决市场机制失灵问题提供了理论依据。

2.2　国内外科技金融文献计量分析

科技金融是中国式术语，四川大学出版的期刊《科技金融》将其译成"Sci-Tech Finance"。在"Web of Science"外文电子资源数据库里，以"Science and Technology Finance"为关键词，搜索到 90 篇英文文献；以"Technology and Finance"为关键词，搜索到 3889 篇英文文献，其中 2013 年、2014 年、2015 年分别检索到 311 篇、282 篇、301 篇。

以"科技+金融"为关键词，同步搜索了"科技+银行""科技+保险""科技+担保"及"资本市场+科技企业"等关键词，利用超星发现系统搜索 1348 家图书馆的馆藏中文文献，从 1992 年到 2016 年，共搜索到被北大中文核心期刊、CSSCI 中文社科核心索引、中国科学技术信息研究所统计源期刊索引、CSCD 中国科学引文库、EI 工程索引收录的经济类研究文献 5967 篇（见图 2.1）。本书对科技金融的研究成果数量随时间变化的趋势、论文作者所属机构、论文发表的地域和期刊、论文所获资助情况进行了统计分析，经过数据整理后，得出图 2.2~图 2.5 中的结论。

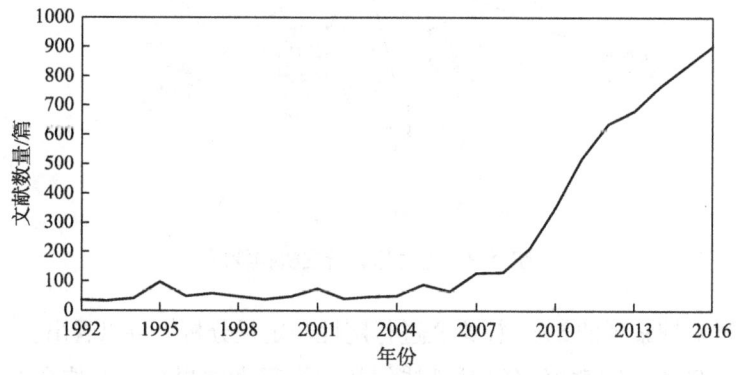

图 2.1　国内关于科技金融期刊学术研究发展

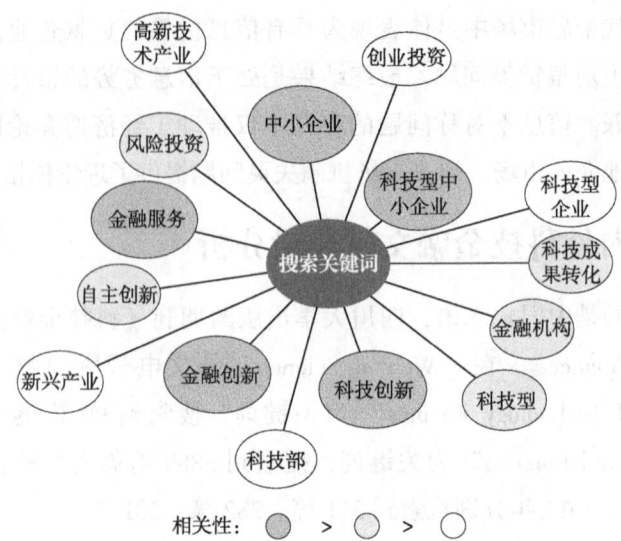

图 2.2 论文主要关键词

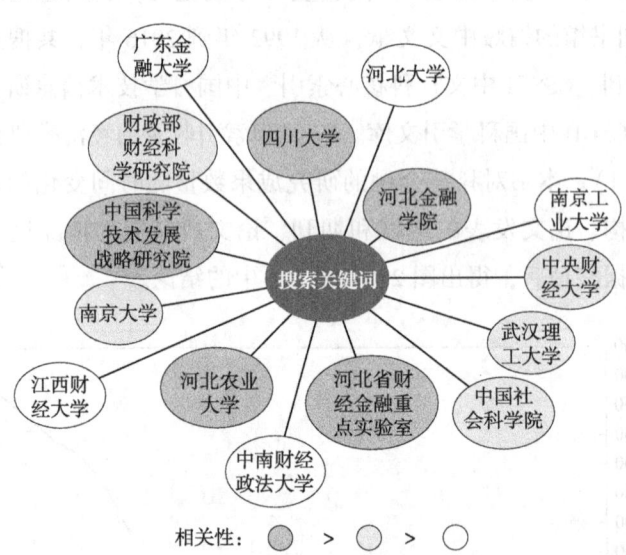

图 2.3 论文作者所在机构构成

通过对搜索到的 5967 篇论文进行定性与定量分析，可以看出：

（1）随着我国政府部门对科技创新重视程度的提高，科技金融方面的研究成果数量也呈现增加的趋势。值得关注的是，2007 年论文发表数量较上年增长了 96.9%，2010 年较上年增长了 66.8%，这可能是因为 2006 年中央将建立"创新型国家"确定为国家战略且 2009 年创业板开通，刺激了科技金融研究成果爆发性的增长。

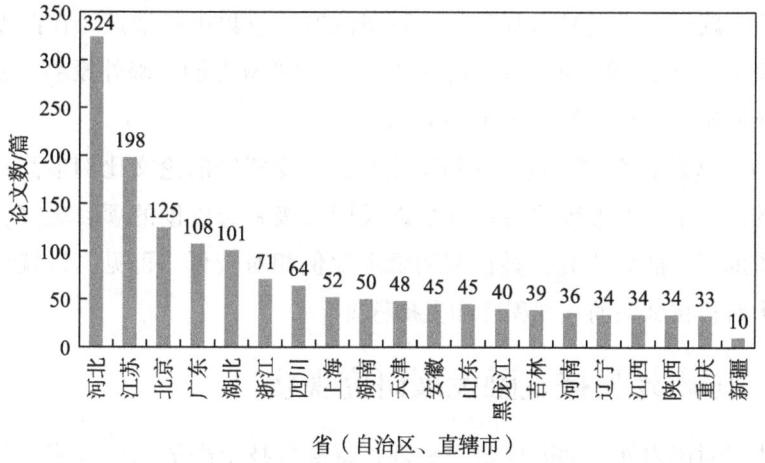

图 2.4　论文发表的省（自治区、直辖市）分布

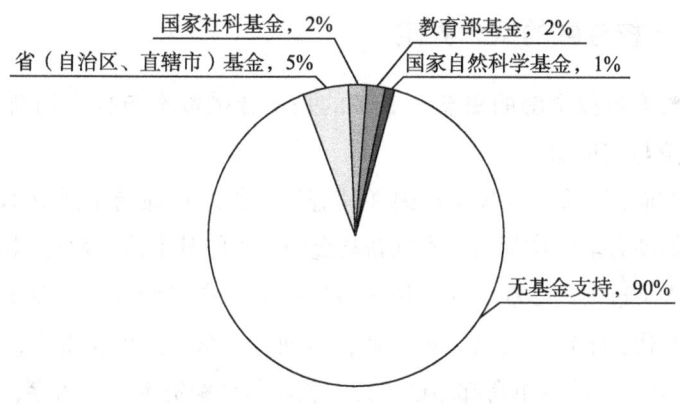

图 2.5　论文所获资助情况

（2）我国有关科技金融论文主要发表单位是高等院校。论文关键词主要集中在"科技型中小企业""金融创新""金融服务""科技创新""自主创新""风险投资""金融机构""科技成果转化"等，均是科技金融研究的主要领域。

（3）从发表地域来看，河北省、江苏省、北京市、广东省、湖北省、浙江省发表论文数量居前六位。河北省是京津冀一体化重要地区，也是北京和天津科技金融资源辐射的重要地区；其他省份是 2011 年 10 月科技部与一行三会共同确定的首批开展促进科技和金融结合的试点地区，有一定科技金融实践经验，也是高等院校、科研院所比较集中的地区。在此期间新疆发表论文仅 10 篇，占 0.17%，说明新疆学者有可能在疆外投稿，或者对这一领域研究匮乏，关注度有待提升。

(4) 从发表论文受资助的情况来看，未受资助的论文比例最高；在受资助的论文中，省市级的各项基金以及国家级基金资助的项目最多，教育部也资助了一部分研究，科技部的资助比例相对较低。可见，科技部门应该加大对科技金融的重视程度和支持程度。

2.3 国内外科技金融发展研究现状

本书对国内外文献进行归类整理，将从科技金融的概念界定、科技金融的范畴、金融支持技术创新的绩效评价及影响因素三个方面进行综述。

2.3.1 科技金融的概念界定

国外没有科技金融的概念，更多的是从金融资本与技术创新关系的角度进行理论与实证研究。

理论方面，卡萝塔·佩蕾丝因在其著作《技术革命与金融资本：泡沫与黄金时代的动力学》中提出技术创新与金融资本的基本范式而得到国际认可。她指出，人类过去的 200 年间经历了五次技术革命（分别是产业革命——蒸汽和铁路时代，钢铁、电力、重工业，石油、汽车、大规模生产，信息和远程通信），每一次技术革命都印证了技术创新与金融资本相互依存、相互融合的发展范式，即早期新技术的研发都有会有高风险和不确定性，但资本家为获取高额利润仍会选择投资该领域，使得技术创新与金融资本高度耦合（作者用"热恋"形容二者关系）并将技术创新成果投入生产之中，最终获得技术创新的成功和金融资本的数量级增长。有学者（King, Levine, 1993）通过建立内生型增长模型，阐明金融体系能为技术创新活动提供四种服务（包括评估企业家、筹措外源资金、分散创新风险和预测技术创新活动的未来收益等），指出金融和技术创新的结合是促进经济增长的主要原因。有学者（Laeven, Levene, et al., 2010; Enrico, 1999）的理论分析都表明，金融体系的改进、金融创新对科技创新有着巨大的推动作用。

实证研究方面，有学者（Tadesse，2002）把全球 36 个国家划分成银行导向型和市场导向型两类金融体系，采集了这些国家 1980—1995 年的数据，分析两种金融体系对技术进步的影响，结果发现：如果金融部门不发达，那么银行导向型金融体系对科技进步的促进作用相对明显；如果金融部门比较发达，那么市场导向型金融体系对技术进步的促进作用较为明显。有学者（Calderon，Liu，2003）分析了部分发展中国家和工业化国家金融发展与经济增长之间的关系，得到的结论是：金融发展通常会引起经济增长；金融发展对经济增长的影响是长期的；金融发展与经济增长之间存在双向格兰杰因果关系；金融发展通过促进资本积累和技术进步来促进经济增长，其中技术进步对经济的促进作用更强。有学者（Jeong，Townsend，2007）将全要素生产率的增长率（技术进步率）细化分解成金融深化效应、人力资本变动效应、部门索洛余值及资本异质效应四个部分，通过分析 1976—1996 年泰国的经济增长和结构性变化，发现金融深化对技术创新有巨大贡献。有学者（Alessandra，Stoneman，2008）分析了英国金融发展与科技创新活动的关系，结论为金融发展与创新活动正相关。有学者（Ang，2010）对韩国金融部门与研发活动在创新经济中的作用进行了实证研究，认为金融自由化与国家科技创新具有很强的关联性。有些学者对开发性金融支持创新的作用进行了专门探讨。比如，有学者认为，开发性金融机构通过提供更具吸引力的资金支持，能有效提高新兴经济体国家企业的技术引进、吸收和消化能力，提升国家整体创新能力。再如，学者（Gerard，Ganesh，2003）对印度信息业的实证研究也充分说明这一点。

国内学术界对"科技金融"进行了定义，但却莫衷一是。张亚光（1996）认为，中国科技金融学是一门涉及经济学、金融学、投资管理学、贷款管理等领域的边缘性学科。它研究金融机构如何建立为科技服务的新型运转机制，研究如何建立包括风险投资在内的全社会、多渠道的科技投入体系，以便为制定向科技倾斜的相关金融政策提供理论依据。徐义国（2008）把科技金融定义为一种多层次、多元化、高效率的金融资源集合平台服务体系。该体系以创业投资为主导，以商业银行、证券、保险、信托、投资、担保等金融机构和金融中介为主体，目标是加速科技要素聚集，促进科技创新和成果转化。赵昌文等（2009）认为，科技金融是随着中国科技体制改革和金融发展的深化而产生的，是以促进科技开发、成果转化和高新技术产业发展为目标，由政府、市场、企业及社会中介机构等参与主体将金融政策、制度、工具及服务进行系统性、创新型配置，为科技创新活动提供金融资源的活动。科技金融体系由各参与主体及其在科技创新融资过程中的行为活动共同组成。钱志新（2010）基于企业生命周期理论，认为科技金融是科技型企业在其生命周期中进行融资的相关融资政策、融资制度、融资工具和融资服务，科技金融主体有政府、金融机构、中介机构和企业等。房汉廷（2011）认为科技金融是企业将科学技术和发明进行成果转化和产业化、运用于生产等一系列科技创新活动中融资行为的总和，是科学技术资本化的过程，即同质的金融资本把异质的科学技术进行孵化，进而创造财富的过程。段世德、徐璇（2011）认为科技金融是"双刃剑"，一方面，金融对科技确有支撑作用；但另一方面，当创新的市场价值实现后，由于金融的逐利性带来"羊群效应"加速了市场竞争，使得创新成果折旧加剧、进而抑制创新成果的商业化。胡苏迪等（2012）指出，科技金融是科技创新和金融创新的高度融合，是为高新技术企业和科技型企业发展的整个生命周期提供投资、融资，以促进企业科技开发与成果产业化的各项金融服务与政策的组合。毛道维、毛有佳（2015）认为科技金融的内涵是推动科技创新与成果转化的金融资源配置（包括政策性金融、商业性金融、政策性与商业性相结合的金融三种金融资源配置类型）。其本质上是"耐心"的而非急功近利的权益资本。中国科学技术发展战略研究院提出了"科技金融生态"的概念，他们认为，科技金融生态是指在市场"无形的手"主导下和政府"有形的手"有条件参与下，不断创新和优化金融体系、业态、产品和服务的社会资源配置能力，一方面使科技创新能够高效转化为物质、精神财富；另一方面科技创新又能反哺金融业，推进金融业创新发展、提升竞争力，形成一种相互促进和支撑的活动状态。

2.3.2 科技金融的范畴

国内外有大量研究科技金融范畴的文献，集中于从不同融资类型出发来考量对技术创新的影响和作用，主要包括间接融资、直接融资（包括风险投资等）及政策性金融对技术创新的影响与作用等方面。

1. 间接融资与技术创新

间接融资指金融中介机构贷款、基金公司投资、信托投资公司投资、保险公司投资等间接金融支持，其中最主要的还是银行贷款。关于间接融资对技术创新的作用有两种对立的观点。

有学者（Alessandra，Stoneman，2008）的研究认为，银行的发展能够显著降低高技术企业对资金流出的敏感性，从而提高企业研发、创新的积极性。有学者（Giannetti，2012）认为银行的金融支持提升了高技术企业引进新产品的能力和开展创新活动的动力。有学者（Gerschenkron，1962）认为，商业银行不仅能够给企业的技术创新活动提供资金支持，还能为企业的技术创新项目提供特殊的金融服务，激励企业进行创新研发。有学者（Stulz，2000）研究认为，银行在为分阶段融资的科技项目提供外部融资方面更加有效，因为银行可以通过动态掌控该项目的阶段性进展、资金需求及潜在风险，选择继续为项目提供贷款或者停止贷款、减少信贷损失。实证研究方面，有学者（Herrera，Minetti，2007）对意大利 1998—2000 年的银行数据和制造业企业进行了实证研究，发现占据信息优势地位的银行与企业的技术创新活动有正相关关系，那些与银行保持长期信贷关系的企业从事技术创新的积极性更高、有更高的创新率。有学者（Benfratello，Schiantarelli，et al.，2008）对 20 世纪 90 年代意大利企业技术创新的调查说明，地方银行的实力、水平与企业技术创新的成功率正相关，尤其对技术含量高的企业、小型企业和依靠外源融资的企业更为明显。

国内学者殷剑峰（2006）和王莉（2009）也认为，银行导向的金融机构体现了一种"集体行动"，即多个分散的个体经过协商后达成一致意见的行动。因而银行在技术扩散阶段比技术推广阶段更能发挥外部性优势和降低处理信息成本的规模经济优势。李春艳（2005）认为，商业银行对科技创新有重要的支撑作用，但有待于完善对高科技项目的评估、加强针对高科技企业的金融产品创新、完善企业信用等级评价、探索与担保公司及风险投资公司的深度合作、争取政府的贴息贷款等。林毅夫、李永军（2001）和吴群（2009）从金融机构的服务成本与效率、关系型融资等角度论证了中小金融机构体系是缓解中小企业融资难的有效制度安排，对科技企业发展和技术创新有积极影响。赵又力、陈逸君（2010）提出，银行等金融机构针对科技型企业轻资产、少抵押物特点，可创新地开发以质押股权、应收账款、仓单、专利权和商标等进行贷款的金融产品和服务。叶耀明等（2007）通过实证研究，认为以银行为代表的金融中介体系具有处理信息、保护创新创业企业家控制权的优势。他们研究了长三角地区城市群的面板数据后发现，该地区金融深化程度对专利总量的弹性达到 0.7 以上，可见金融中介对企业的原创性发明有重要的促进作用。

关于银行对技术创新的作用还有一种截然相反的观点。有学者（Weinstein，1998；Boot，Thakor，2000）认为，银行出于安全性考虑，对高风险性、不确定性的企业技术创新活动具有内生性规避动机，因而不利于企业创新活动。有学者（Rajan，1992；Hellwig，1991）的研究也认为，在金融交易中处于强势地位的银行体系不能有效支持企业技术创新，因为银行有较强的谈判能力，动辄干预企业的技术创新活动，削弱企业的创新动力；银行还会保护大型企业利益，阻碍更具创新活力的中小微企业的准入。有学者（Strahan，Weston，1998）通过实证研究表明，银行规模大小与其给予中小企业的贷款负相关。银行规模越大，越不愿意为中小企业贷款；规模较小的银行抗风险能力增强，有利于给小企业贷款。有学者（Berger，Udell，2002）从银行组织结构角度和外部因素出发，认为现代银行因内部结构复杂，委托—代理环节多，信息传递和交易成本高，加之外部商业环境、政策环境、法律环境等因素对银行工作效率的掣肘，银行将化解贷款风险作为关注点，对企业是否成长则不以为意，因此，银行对那些高风险、财务制度不完备企业的创新创业项目显得力不从心。

理论方面，国内学者李若愚（2015）持类似观点，他指出了我国银行体系服务的弊端，比如忽视科技型中小企业在技术创新、经济增长和促进就业等方面的重要作用，政策性银行和商业银行的产品和服务相对传统，支持科技创新的力度不够、针对性不强，缺乏专业的科技银行。他建议探索成立专业扶持科技的政策性银行及专业化的科技银行。实证方面，毛有碧（2009）运用横截面数据和面板数据实证研究后发现，银行对民营科技的长期债务融资普遍存在"规模歧视"现象，规模越大的企业越容易获得银行贷款；银行为降低非对称信息造成的债务融资成本，对成长性越强的民营科技企业的融资行为约束也越高。李苗苗等（2015）基于我国 31 个省（自治区、直辖市）2000—2011 年共 12 年的面板数据，运用单位根检验、协整检验、因果有向无环图（DAG）等方法实证研究后指出，金融发展规模对研发投入有统计显著的正向作用，但银行主导的金融发展结构不利于研发投入。王霄等（2003）构建的内生化抵押品和企业规模的均衡信贷配给模型，很好地解释了中小企业融资难的问题。他们指出，信贷配给中，那些资产规模达不到抵押品临界值的中小企业和高风险企业容易被银行拒之门外。

2. 直接融资与技术创新

直接融资指通过资本市场（股票、债券、基金、创业风险投资等）直接获得金融支持。

（1）资本市场与技术创新。

关于资本市场支持技术创新方面的理论研究有很多。有学者（Hsu，Xuan，2014；Fang，Tian，et al.，2014；Macey，Miller，1997）等将资本市场（股票市场）和信用市场（银行）不同融资安排对企业技术创新的影响作了比较研究后，认为在股票市场相对发达的国家，依靠国内融资的高新技术产业领域的技术创新水平相对较高。因为股票市场是一种有限责任的动态索取权，追求企业的增长潜力实现最大化，与作为固定收益索取权的银行贷款不同，股票市场能够弥补商业银行风险厌恶的不足，引导金融资源投向高风险、创新性的项目领域，可以满足那些高研发需求、高成长性、高风险性企业的融资需求。有学者（King，Levine，1993；Aghion，Howiit，2005）从直接融资市场流动成本、金融创新、金融约束对技术创新的影响等不同角度进行了研究，认为直接融资市场能够显著降低科技创新风险，进而促进全社会投资。有学者（Johnson，1992）从融资风险控制的角度出发，认为商业银行是通过经营多元化，即选择不太尖端、不太前沿或产出不太高的技术来控制风险；而资本市场是通过融资多元化来实现风险分摊。有学者（Franklin，1993）认为，股票市场比银行体系更能促进技术进步，因为股票的市场价格是公众判断力的反映，这种判断比银行货币委员会或贷款审批员要准确得多。有学者（Peneder，2010）认为，资本市场与企业绩效之间存在因果关系，缘于资本市场融资对经济绩效有三种传导机制：一是资本市场可以弥补企业从传统渠道无法满足的融资需求；二是资本市场可以甄别、遴选出发展后劲强、绩效成长快的企业；三是资本市场可以帮助企业实现价值增加。有学者（Michelacci, Suarez, 2004）指出，资本市场能通过由风险资本家的声望、财富和技术领域专长构成的信誉资本（informed capital）的循环促进企业技术创新、发明创造和经济增长；中小微企业比成熟的大企业具有更高的上市成本；商业创新产生的技术溢出效应，以及股市产生的外部高额收益将会激励和吸引新企业上市融资。有学者（Engel, Keilbach, 2002）认为，创新型企业更愿意接受直接资本市场或非银行融资，创新型企业接受直接融资后，在技术成果产出（如专利）方面表现出了显著差异。有学者（Jerzmanowski, Nabar, 2008）讨论了股票市场的估值对全社会研发和创新的影响，认为股票市场的高估值能够缓解创新融资压力，促进全社会研发投入的增长，加快创新速度。有学者发现公司股票市值与公司技术进步的动态关系呈倒 U 形转换，一开始，股票市值会随着技术进步而有所上升，但之后，股价会随技术进步出现短暂的下降。国内学者从资本市场的功能性出发开展了很多研究。吴瑞祥（2011）分析了资本市场对企业技术创新的内在逻辑与推动机制，揭示了资本市场对企业技术创新具有风险分担功能、信息揭示功能和激励约束功能，并通过实证研究，验证了资本化率与企业专利数量有正相关性，表明资本市场规模对技术创新有显著的促进作用。阙紫康（2007）、王印东（2006）从资本市场对中小企业技术创新的作用出发，认为我国实施自主创新战略、建设创新型国家，必须重视中小企业的作用；推动科技型中小企业群体发展，这就需要建立多层次资本市场，因为资本市场在企业自主创新过程中具有揭示风险、评估风险、定价风险、分散风险的功能；建设资本市场的核心是发展壮大中小企业板块。

实证方面，有学者（Bencivenga, Smith, et al., 1995）通过戴蒙德模型（迭代模型）说明，金融市场的交易成本能够影响技术的均衡选择和生产效率，从而影响经济的长期增长。交易成本的高低由资本结构决定。较低的交易成本会使市场更有"耐心"，更倾向于选择期限较长、高投入、高产出的技术，这类技术将会产生较高的利润回报，从而显著促进经济增长。有学者（Brown，Helland，et al.，2006）对美国七个高科技产业进行了匹配研究，分别考察直接融资和间接融资对企业十年后 IPO（首次公开募股）的绩效表现。结果表明，直接融资对美国高科技企业上市有更大的促进作用，对高技术产业发展有更大的累积效应，企业表现出生命周期更长、外部股权更多、投入强度更大、资产增长更快、经营业绩也更佳的迹象。有学者（Franklin，1993）的研究认为，美国的资本市场能显著促进信息技术的发展，原因是资本市场以 IPO 上市或兼并作为退出方式，这种广泛使用期权作为支付手段的激励机制，能够保证雇员和股东的利益，从而加快新技术公司的创新步伐。有学者（Atanassov，Nanda，et al.，2007）以美国 1974—2000 年的上市公司为样本，分析了不同资金来源对企业技术创新的影响和作用，结果显示：通过债券市场或股票市场融资的上市公司，其自主知识产权内容更多，后续技术创新活动的效率也更高。因为债券市场和股票市场会给予中小企业的创新活动决策更多的空间，如果创新失败，企业偿还资金的压力也没有银行融资那么大，所以债券市场和股票市场更有益于企业的技术创新。国内学者李颖等（2009）基于官方数据和机构数据，并在对广东省部分企业进行问卷调查的基础上，分析了资本市场、银行、保险公司对科技创新的影响，结果表明资本市场的正向促进作用最大。

（2）风险投资与技术创新。

风险投资的理论研究方面，有学者（Hellmann，Puri，2000）指出，创业风险投资可以显著缩短新产品进入市场的时间。有学者（Kaplan，Stromberg，2003）指出，风险投资是新兴产业起步阶段重要的资金来源之一，风险投资机构能够通过监管公司行为、帮助雇佣管理层、参与董事会和规划战略发展等途径来促进新兴产业的发展。有学者（Hall，Fang，2004）认为，如果能妥善解决融资过程中产生的信息不对称、逆向选择和高融资成本等问题，风险投资就能很好地推动新兴产业的技术创新和产业发展。有学者（Wang，Bhatia，et al.，2009）认为，天使投资的资本远远超过机构风险投资的总额；很多天使投资人有亲身创业经历，一般会在自身较为熟悉的领域投资初创期的企业并参与其管理运作。有学者（Sunley，Klagge，et al.，2005）研究认为，公共风险投资具有地域方面的优势，熟悉当地情况，投资能较好地促进当地经济发展；公共风险投资机构通过与当地的创业服务中心、孵化器等中介的联系合作选择项目，与私人风险投资追求高额回报相比，公共风险投资更侧重地区经济的长远发展，适合长期投资。但有学者（Leleux，Surlemont，2003）却指出公共风险投资存在如下弊端：公共风险投资为了降低自身风险，一般倾向于在技术发展后期阶段进行投资，而不像人们期望的那样在早期阶段投资；公共风险投资常从政治角度出发遴选项目，喜欢获得立竿见影的效果彰显政绩，与风险投资的中长期性相佐，且缺乏专业人才，很难为企业提供非资本增值服务。国内学者辜胜阻（2000）、吕炜（2002）基于风险投资机制的技术创新原理，认为风险投资可以从以下几方面突破企业组织结构的藩篱，实现技术创新：一是准确评估高科技成果和专利发明的潜在价值并给予定价；二是通过契约延迟支付未来的收益，从而形成风险与收益均衡共享的格局；三是将技术、管理等无形资产作为资本投入，实现对研发人员与管理人员的期权激励；四是能将资本、劳动力、技术迅速组合于一个新创业体中，以满足某一技术创新活动的特定需要。杨青、彭金鑫（2011）从生态共生理论角度，研究我国创业风险投资和高新技术产业的共生关系，结果表明两者经历了寄生、非对称互惠共生两个阶段后，正在向正向、对称互惠共生发展。卢珊、赵黎明（2011）把协同学思想融入演化博弈模型中，研究创业投资机构与企业行为的演化过程与影响因素。

实证方面，有学者（Darin，Penas，2015）分析了荷兰1万多家企业的专利申请、创新活动和融资来源，发现有风险投资支持的企业专注于吸收能力的积累，通过内部研发和外部知识获取提升创新能力。有学者（Kortum，Lerner，1998）审查了风险资本对美国20个行业专利发明的影响，发现风险投资活动可显著增加行业的专利申请率。风险资本与研发的比率平均不到3%，但却产出了工业创新的15%。有学者（Polzin，Sanders，et al.，2018）研究了荷兰和瑞典绿色科技创新领域风险投资者与企业家的匹配程度，认为匹配问题源于投资者和企业家对评估标准、风险和风险管理等领域的不同看法。有学者（Gompers，1995）的实证研究表明，风险投资家对企业的投资不是"一锤子买卖"，而是分阶段进行，每个项目平均被分为2.689个阶段，这样可以有效降低风险。有学者（Gorman，Sahlman，1989）的调查发现，风险投资机构不仅为企业提供资金，还在制订战略规划、招募管理层、提出财务和商业建议、制定人力资源激励政策、部署股票期权计划、拓宽市场营销网络等方面发挥了积极作用。国内学者彭素芬基于 1995—2011 年中国高新技术产业样本数据，运用对数多元回归模型，实证研究表明风险投资对高新技术产业的发展有正向影响。风险投资是通过研发投入、研发基础设施建设和研发人员绩效间接促进高新技术产业增长的。每增加 1% 的风险投资，可使高新技术企业产值、专利申请量和高新技术产品出口分别增加 9.14% 、3.41% 和 6.32% 。

（3）债券与技术创新。

现有文献较为关注企业选择银行贷款或者发行债券两种外源性融资方式的影响因素，以及二者的比较优势和治理机制。中国现有的债券品种见表 2.1。根据有学者（Myers，1984）的啄序理论，企业因为信息不对称导致融资成本较高时，企业首先会考虑将储蓄转化为投资，即内部融资，然后才会考虑外部融资；对外融资时，因对其内部敏感信息向证券市场披露的顾虑，企业一般首先会选择债券，最后才选择股票。有学者（Denis，Mihov，2003）研究了 1560 个融资企业对银行债务、非银行私人债务和公共债务来源的选择，发现债务来源的主要决定因素是发行人的信用质量。信用最高的公司从公共资源中借款，信用中等的公司从银行借款，信用最低的公司从非银行私人贷款机构借款。李湛等（2009）比较分析了银行贷款和发行债券与企业在契约时限上的差异，认为企业债券更适合长期债务，而银行贷款较适合企业的短期债务。周颖（2009）通过结构方程模型（SEM）分析了我国企业债券产品的属性与市场表现的关系，认为市场表现主要取决于其信用风险、担保、利率、期限和利息。

表 2.1 中国现有的债券品种

债券名称	发行主体	审核主体
国债（也称为"公债""金边债券"）	财政部	
中央银行票据（简称"央行票据"）	中国人民银行	中国人民银行
商业银行债券、次级债券和混合债券	商业银行	中国人民银行和中国银监会
非银行金融机构债券	企业集团财务公司	中国人民银行和中国银监会
信贷资产支持证券	银行业金融机构	中国人民银行和中国银监会
保险公司次级债券	保险公司	中国保监会

债券名称	发行主体	审核主体
企业债券、中小企业集合债券	企业	国家发展和改革委员会
公司债券	公司	中国证监会
企业短期融资券	非金融企业	中国银行间债券市场交易商协会

资料来源: http://finance.sina.com.cn/。

自 2007 年深圳市中小企业集合债券和中关村高新技术中小企业集合债券成功发行后，关于中小企业集合债券的可行性、运行模式和违约风险的文献屡见于各类期刊。潘永明和王芊（2012）从经济学视角论述了中小企业集合债券在增加资金供给和降低融资成本等方面的优势。他们认为，通过发行集合债券能实现外部规模经济和信用资源的集聚，有效促进专业化分工，实现报酬递增。徐鲲（2012）基于协同理论剖析了高科技中小企业集合债券的融资机理，也得出如上结论。曾江洪、王庄志和崔晓云（2013）基于统计学理论的 SVM 模型对中小企业集合债券的信用风险进行了度量，认为信用风险主要由因系统风险而产生的周期性违约风险和因发债企业关联关系而产生的传染性违约风险构成。王艳霞和周礼（2013）探讨了中小企业集合债券存在组织协调成本高、增信机制单一、信用评级标准体系不完善与市场化程度偏低等问题，并提出利用区域集优直接债务融资模式来改进传统集合债券的建议。曾江洪和许金杰（2010）在分析当前集合债券存在问题的基础上，提出了促进担保机构调整结构、降低企业发债准入门槛、优化设计发债企业组合等政策建议。

3. 政策性金融与技术创新

国内外这方面的研究主要集中在政策性金融给予企业技术创新的支持是否会对企业自发的科技投入产生挤出或挤入效应。

企业层面，有学者（Hamberg, 1966; Dirk, 2004）分别研究了美国和法国企业的横断面数据，论证了政策性金融支持对企业自主的创新投资会产生显著的挤入效应。有学者（Loof, Heshmati, 2005）以以色列和德国的企业为对象，用半参数匹配法研究政策性金融投资对企业科技投入的促动效应，结果显示政策性金融支持存在对象局限性，其对小企业的自主创新促进作用较强。有学者（Link，1982；Fontana，Geuna，et al.，2006）的研究印证了政策性金融支持的阶段局限性。有学者（Link，1982）认为，在企业自主创新三阶段过程中，政策性金融对应用与试验发展阶段的投资引导作用比较突显，而对基础研究阶段则没有显著的促进作用；而另一部分学者（Fontana，Geuna，et al.，2006）的研究恰恰相反，他们认为科技创新的起步阶段是政策性金融的扶持重点。

产业层面，有学者（Leven，Reiss，1984）以产业强度、产业集中度和产业技术特点等为指标变量，通过 SEM 模型研究政策性金融在产业技术创新方面的资助强度对产业内企业科技投入强度的影响，结果发现政策性金融对产业内企业自主创新投入促进作用显著，政策性金融每增加 1 美元自主创新资助，会带动企业 0.74 美元自主创新投入的增加。有学者（Mansfield，1984）发现政策性金融对产业内企业科技投资行为的影响呈现出非对称性特征，正增长的政策性金融投入所促进的产业技术创新投入的增量大于负增长的政策性金融投入所带来的产业技术创新投入的减少额。

国家层面，有学者（Levy，Nestor，et al.，2001）分析了美国国家科学基金会（NSF）对全美企业自主创新投资总额的影响，认为政策性金融能够有效促进国家自主创新能力的提升。有学者（Busom，2000；Wallsten，1999；Matthias，Dirk，2003；Kwak，Yoo，et al.，2004）分别采用赫克曼选择模型、联立方程模型、非参数匹配方法、协整分析和误修正模型，证明了政策性金融促进自主创新的有效性。有学者收集了 17 个国际经合组织国家的数据，通过计量分析方法，研究发现这些国家政策性金融对企业自筹科技经费的带动效应呈倒 U 形关系曲线，即在临界值（政策性金融的资助率达到 25.4%）前，政策性金融的科技投入对企业自筹科技创新投入有挤入效应，临界值后，则产生明显的挤出效应。国内的赵付民（2005）和苏盛安（2006）先后运用广义矩阵进行回归分析，研究了政府科技投入对我国大中型工业企业自筹科技投入所产生的影响，并测算出政府科技投入对我国科技进步的贡献率。江涛和傅新红等（2008）对我国和四川省财政科技支出与自主创新能力的关系进行了协整分析和格兰杰因果检验，结果表明：从长期来看，两者呈正相关关系。

2.3.3 金融支持技术创新的绩效评价及影响因素

1. 绩效评价范畴与方法

（1）范畴。

国内关于金融支持技术创新的研究文献，主要集中于全国性和区域性两个层面。全国层面，王认真（2014）、俞立平（2015）、程慧平（2015）、田霖（2005）、曾胜和张明龙（2016）、马卫刚（2014）运用全国面板数据，分别对省域科技金融与技术创新的空间相关性、国家创新中科研经费投入的贡献、我国的研发创新和转化效率、科技对区域金融核心竞争力的贡献度及金融支持科技创新的效率进行了分析研究。区域层面，昌江林等（2012）对东部发达省市和中部6省的金融投入对科技产出的效率进行了分析，崔毅等（2010）、华玉燕（2013）、陈凯（2013）、陈军梅（2014）分别对广东省、安徽省、江苏省和宁夏回族自治区科技金融结合的效率进行了评价。

（2）方法。

①多层次分析法（AHP）。陈凯等（2013）利用 AHP 方法对江苏省金融投入、科技创新产出及科技金融耦合的效率进行了研究。结果表明：从总体上看，江苏省科技与金融的结合处于初级阶段，而且二者结合的效益增长并不明显。主要原因在于金融投入结构不合理，资金投向成长期和成熟期的企业多、投向初创期的企业少，造成金融投入没能促进创新产出的全面增长，加上银行、风险投资与科技企业缺乏有效沟通渠道，金融产品和金融服务创新的滞后导致投入产出整体效率低下。王海等（2003）基于科技活动的阶段性和产出多元性，构建了科技金融结合效益的评价指标体系，用 AHP 法计算出各指标的权重，对我国 1991—1999 年金融投入指数、科技产出指数及科技金融效益指数的变化进行了测度。马卫刚（2014）用层次分析法评价了新疆金融投入与科技创新活动产出的效益，结果认为新疆科技金融发展处于低级阶段。

②数据包络分析法（DEA）。崔毅和赵韵琪等（2010）采用 DEA 法对我国金融投入与科技产出的效益进行评价，指出广东省科技金融结合效率

低的主要原因是金融资源管理效率不高、金融投入与科技活动的内部结构不相匹配。吕江林等（2012）利用 DEA 方法对中部 6 省和东部地区 5 省金融投入与科技产出的效率进行比较分析，提出中部地区提升科技金融结合效率的若干对策建议。华玉燕（2013）运用 DEA 方法对安徽省科技金融结合效率进行了研究，结果表明一味追求金融投入的扩大难以提高科技产出，应该优化科技金融内部结构，强化对金融投入资源的管理，从而提高科技金融的相对效率。

③网络数据包络分析法（网络 DEA）。陈凯华、官建成等（2013）基于传统 DEA 方法，比较乐观地构建了一个纯技术效率的测度分解模型，该模型假设规模报酬可变，包涵关联子系统的网络型生产系统，并提出该系统整体和局部规模收益状态的判断标准。用该模型分析中国各省科技创新投资效率后发现，各省创新链条中，科技研发和技术转化两个子过程的效率存在一定差距，技术转化效率水平在整个省域科技创新效率水平中起到更为突出的作用。

④DEA 模型与 Malmuquist 指数方法。马卫刚（2014）、张明龙（2015）都用 DEA 方法对我国 30 个省（自治区、直辖市）科技与金融结合的效益进行了静态分析，之后用 Malmuquist 指数分析法分别对 2006—2012 年、2007—2012 年我国科技金融的科技进步贡献率、纯技术效率及规模效率等指标的变化趋势进行了动态分析，发现金融资源未实现合理配置是科技金融结合效益负增长的主要原因。孙伍琴等（2008）运用 DEA 模型，并基于 Malmuquist 指数分析，测算了我国 23 个省（自治区、直辖市）2001—2004 年金融发展促进技术创新的效率，认为金融发展对技术创新和技术产出效率的促进作用日渐加强。陈军梅（2014）利用 Malmuquist 指数法测算出宁夏科技与金融结合的整体效率并不高，原因同马卫刚、张明龙的分析结果一致。

⑤三阶段 DEA 模型。曾胜、张明龙以我国 30 个省（自治区、直辖市）2006—2013 年金融投入与科技产出作为数据来源，运用三阶段 DEA 模型，控制外部环境变量后，对这些省（自治区、直辖市）金融支持科技创新的效率进行了测算分析。结果表明，我国东部地区属于金融支持科技创新的高效层和中效层，中部地区属于中效层，西部地区属于低效层。

⑥探索性空间数据分析方法（ESDA）。王认真（2014）运用 ESDA 方法分析了 2003—2011 年我国内地省域技术创新和科技金融的空间关联性，结果显示：技术创新能力和科技金融省（市、区）之间存在明显的空间依赖；一个省（市、区）科技金融资金投入力度的增强不仅能提高本地的技术创新能力，而且会对相邻省（市、区）的技术创新产生正的空间外溢性。

2. 金融支持技术创新的影响因素

（1）外部因素。

①金融投入（政府科技投入、商业银行贷款、证券业、保险业金融机构及创业投资、外资直接投入等各类资本投入）。王海、叶元煦（2003）用 1991—1999 年我国政府科技投入、企业自筹科技投入和银行贷款等金融资金的使用情况评价了科技产出效益。杨华和程华（2008）、张玉明（2009）的研究都表明政府投入、金融机构贷款和外资直接投入对企业的研发投入有促进作用。

②地区科技水平。肖梓光、张东有（2013）研究认为，地区科技水平（包括科技研发投入、科技成果运用和科技制度路径）的差异是导致不同地区金融资产运行效率差异和金融风险形成的重要原因。越是经济不发达的地区，金融风险与地区科技水平的关联性就越大。

（2）内部因素。

①研发人员。陈艳声（2008）研究了 31 个省（自治区、直辖市）创新人力资源、创新资金对创新绩效的影响，得出创新人力资源比创新资金更能促进企业创新绩效增长的结论。王认真（2014）的研究也认为研发人员支持技术创新的效果最显著。

②企业家精神。江春和张秀丽（2010）利用我国各省份 1999—2008 年的数据构建了相关理论模型，实证分析了金融发展与企业家精神之间的关系，指出金融只有加大对有创新精神企业家的支持，才能提高人均收入、创造更多就业岗位、促进经济增长。

2.3.4 文献评述

通过对科技金融理论基础的追溯及对国内外研究现状与趋势的梳理，可以看出，学者们从科技金融的概念界定、科技金融的范畴、金融支持科技创新的绩效评价与影响因素等方面进行了系统的理论与实证研究。

就科技金融的内涵界定而言，国外没有"科技金融"的说法，更多是从金融资本与技术创新二者关系的角度来阐述。国内学者从不同视角对"科技金融"的内涵进行了界定，有学者将"科技金融"定义为一种体系（科技投入体系或金融资源集合平台服务体系）；有学者定义为一种机制（金融机构服务科技的运转机制）；有学者定义为一种融资行为；还有些学者将"科技金融"定义为科技与金融之间相互促进、相互支撑的关系。但是当前的研究混淆了"科技金融"与"金融科技"的概念。"科技金融"和"金融科技"都是单向的，"金融科技"指科技创新对金融产业发展的作用和影响，如同"农业科技""工业科技"，属于产业科技领域。因此，本书将"科技金融"定义为：政府、金融部门、资本市场、社会资本和中介机构通过财政的、直接的、间接的或综合性的融资方式，支持促进企业、科研院所、大专院校进行技术创新活动（包括基础研究、应用开发、成果转化及产业化）的行为。科技金融与传统金融本质上的区别（见表2.2）是：传统金融是在要素驱动或投资驱动经济短期发展的背景下，金融机构基于稳定性、安全性和收益性的平衡，投资于传统领域的以供给为主导的资金配置模式；而科技金融则是在技术驱动经济长期发展的背景下，金融机构和政府等多元主体在科技创新与产业化领域进行的以需求为主导的资金配置模式。

表2.2　传统金融与科技金融的区别

区别项	传统金融	科技金融
理论	投资或要素驱动短期经济发展	创新驱动长期经济发展
主体	金融机构、中介机构	政府、金融机构、资本市场、社会资本、中介机构等
支持领域	传统产业	高新技术产业
原则	稳定性、安全性、收益性	流动性、安全性、公益+收益性

就科技金融的范畴而言，国内外学者主要从间接融资（金融中介机构贷款），直接融资（股票、债券、基金、创业风险投资），政策性金融等对企业技术创新的积极性和成功率来研究科技金融的范畴。然而部分学者将科技金融的资金需求方仅限定于企业，忽略了大专院校和科研院所在基础

研究与应用研究中的融资特点和融资需求（如表2.3所示，我国在基础研究与应用研究阶段的研发经费支出远不及试验发展阶段），以及技术成熟度9个阶段中技术展示过程中的资金需求（如图2.6所示，技术展示阶段存在较大的融资缺口）。本书通过访谈、问卷调查等形式了解大专院校和科研院所作为科技金融参与主体的目标函数、约束条件及与其他参与主体的交易结构。

表2.3　2018年我国研发经费支出分类　　　　（单位：%）

投入部门	各阶段研发经费支出占比		
	基础研究	应用研究	试验发展
科研院所	15.72	29.43	54.85
高等院校	40.46	48.80	10.74
企业	0.50	4.43	95.07
总占比	5.54	11.13	83.33

数据来源：国家统计局网站 http://data.stats.gov.cn/index.htm。

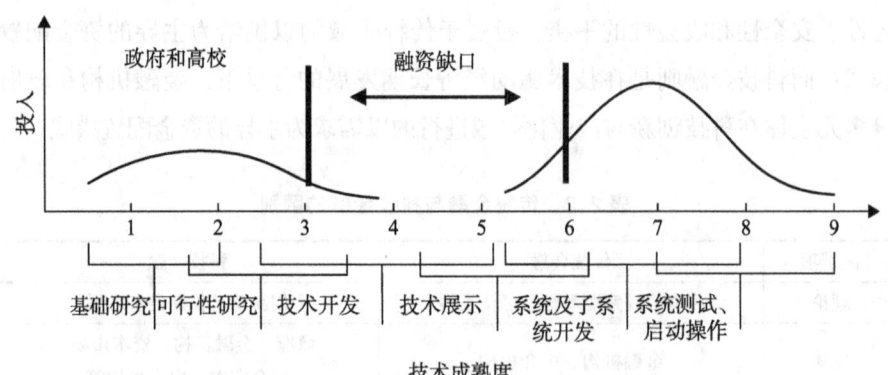

图2.6　技术成熟度9个阶段的融资情况

就科技金融的绩效评价与影响因素分析而言，国内学者运用多层次分析法、数据包络分析法、网络数据包络分析法、DEA模型与Malmuquist指数方法、三阶段DEA模型、探索性空间数据分析方法等从全国性、区域性两个层面来评价金融支持技术创新的绩效，并提出影响金融支持技术创新的外部因素（金融投入、地区科技水平）和内部因素（研发人员、企业家精神）。具体结合科技金融发展的内、外部环境，对科技金融参与主体的调研分析比较少，因此本书将运用案例分析、比较分析、文献调研、归纳总结、SWOT-PEST、问卷调研、面板模型、社会网络分析、结构方程模型、随机前沿生产函数、系统动力学、仿真模拟、情景分析来构建新疆科技金融发展绩效的评价模型，并对新疆科技金融绩效的决定因素进行理论与实证研究。

当前研究对不同地区科技金融体系运行特征的挖掘较少，对科技金融贡献率测度的研究大部分集中在理论研究，实证研究较少，且缺乏对具体地域科技金融系统发展模式的设计与仿真分析。因此，通过对现有文献的梳理，本书还将从以下三个角度展开分析：

（1）基于对科技金融参与主体的调研访谈，构建驱动科技金融体系发展的五维模型，采用结构方程模型对概念模型进行验证性因子分析。

（2）采用 DEA 结合 Malmuquist 指数，对我国 31 个省（自治区、直辖市）及新疆 14 个地州市科技金融效率进行测度，深入挖掘新疆科技金融贡献率的影响因素。

（3）设计新疆科技金融发展模式，采用系统动力学对政策效果进行仿真分析，提出发展策略与保障措施。

第 3 章

科技金融发展模式的比较分析

本章选择美国、日本、印度和中国北京市、广东省、厦门市、江苏省、成都市为研究对象，描述这些国家和地区科技金融发展的各自特征。之所以选择美国、日本、印度三个国家，是因为美国是全球第一大经济体，也是世界的金融中心；而日本作为科技立国的国家，其金融支持创新型国家的经验可为我国实施创新驱动发展战略提供借鉴；印度与我国一样是人口大国，在金融支持软件行业方面有章可循。从我国广袤地域的东、南、北、中部选择北京、广东、厦门、江苏、成都等省市作为分析对象，是因为它们是国内第一批或第二批促进科技和金融结合的试点地区，在科技金融方面有共性、也有个性，有值得新疆借鉴的成功经验。

3.1 典型国家的科技金融发展模式

3.1.1 资本主导型——美国

作为全世界科技市场和金融市场最为发达的国家，美国的科技金融形成了包括法律体系、财政支持体系、外源融资体系、信用担保及评估体系等在内的较为完善的体系，其中多层次资本市场和活跃的风险投资市场是美国科技金融最重要的特征，并由此造就了硅谷神话。

1. 多层次的资本市场

美国国内共有 10 家证券交易所，其中全国性的有 3 家、地方性的有 7 家，挂牌企业有 1.5 万多家，由主板、创业板和场外交易（OTC）市场组成多层次的资本市场，是全世界最发达、最成熟的资本市场。美国企业通过上市和发行公司债券融资占所有融资额度的 67%。

主板市场主要有纽约证券交易所（NYSE）和美国证券交易所（AMEX）等。主板上市门槛高，要求主体必须是处于成熟期的、发展稳定、盈利较好的大型企业。创业板最典型的代表是纳斯达克市场，上市主体多是有较好发展前景的科技型中小企业。纳斯达克市场通过一系列措施，使企业融资成本得以降低、融资风险得以分散、融资效率得以提升，极大地拓宽了高技术企业上市融资的渠道，创造了"硅谷神话"。纳斯达克市场造就了很多中小型科技企业，其中最著名的微软、英特尔和思科公司，他们的市值在美国资本市场中名列前茅。OTC 市场包括场外交易市场公告版（OTCBB）、粉红单市场（Pink-sheets）、私募证券交易的 PORTALS 市场、场外交易市场灰色股票市场等，主要为初创期和孵化期的企业提供知识产权评估、资产评估、创业投资等服务。

发行债券是美国企业融资非常重要的形式。很多企业在外源融资时，会优先考虑发行企业债券，然后才是银行贷款和上市融资。美国对企业债券和国债的发行总量没有严格限制，发行条件相对宽松，制度比较灵活，由此造就了全世界规模最大的、交易最活跃的债券市场。美国 2015 年债券市场规模达到了 69.934 万亿美元，其中企业债券有 14.893 万亿美元，有 100 余家信用评级机构对企业债券进行评估、定级，来满足不同风险偏好的投资者的需求。

2. 发达的风险投资体系

1946 年美国成立了国家研究与发展公司（ARD），为规模偏小且产品、技术与市场不太成熟的新兴企业提供权益性融资，这也标志着美国是最早开展风险投资的国家。风险资本的 70% 来源于养老基金和公司资金，其余来自私人资本。85% 的风投公司采用有限合伙制的形式。风投资本的退出机制是通过公开上市或股权转让来获取中长期增值收益。美国的创业风险投资行业非常发达。截至 2015 年年底，创业风投资本规模达到了 792.6 亿美元（接近我国的 2 倍）。作为创新中心的硅谷同时也是风投中心，汇聚了全美 50% 的创业风投资本。2008—2010 年，美国每年的创业风投资本约占 GDP 的 0.2%，但获得风投支持的企业，其累计产生的销售收入占全美销售收入的 10%，累计解决的就业人数占全美私营部门就业人数的 11%。

3. 完善的法律制度

美国联邦政府为不断完善中小高新技术企业的融资渠道，先后颁布了很多法律法规。20 世纪 50 年代，美国政府为减少中小企业投资人缴纳的税收，1958 年通过了《小企业投资法案》和《美国国内税法》，并成立了中小企业管理局（SBA）和小企业投资公司（SBICS）等专门机构；1980 年，《小企业投资促进法》通过审议，把风投公司的性质定义为"商业发展公司"，通过简政放权，来吸引金融机构、保险公司等参与风投；之后陆续出台的《小企业融资法案》《反托拉斯法案》《小企业技术创新开发法》《小企业创新发展法》《信贷担保法》等，为鼓励中小高新技术企业的科技研发、解决融资问题营造了良好的法制环境；《Bayh-Dole 专利和商标修正法》《联邦技术转让法》《贸易与竞争力综合法》《国家竞争力技术转化法》《国家合作研究与生产法》《国家技术转化与进展法》，以及 2000 年、2011 年分别颁布的《技术转化商业化法》和《美国发明法案》等，都赋予技术发明人和实验室更多的权利，以保护所有者权益和知识产权，促进科技成果的市场化和商业化。

4. 强有力的政府支持

财政直接投入和税收优惠是政府支持企业技术创新的重要举措。美国《中小企业创新发展法》要求联邦政府用于中小企业的研发经费必须占到财政支出的 2.5% 以上，科研经费超过 1 亿美元的部门也必须把财政支出的 1.3% 用于中小企业科技创新。作为美国小企业政策的具体执行者，SBA 主要通过小企业创新研究计划（SBIR）和小企业技术转移计划（STTR），每年分别投入 15 亿美元和 2 亿美元，来引导企业进行研发和成果转化。美国各州政府也通过各类资助计划帮助中小企业融资，如加利福尼亚州的太阳能计划、宾夕法尼亚州的富兰克林伙伴计划等。2012 年，美国财政科技投入达 2000 亿美元，是中国的 2 倍多。

美国政府还根据科技型企业和高新技术企业的科研投入额度，通过税前抵扣和税后减免政策来激励企业加大研发投入。《经济复兴税法》规定：满足一定条件的中小企业，其资本收益实行五年以上 5% 的税费减免，对新购仪器设备，根据折旧年限减免一定税费。《美国国内税法》规定：科技企业较上年度新增的研发投入中，20% 可直接抵扣税费。《经济增长与减少税收法案》规定家族企业可免交遗产税。美国政府还通过首购或优先购买等政策保护中小科技企业的利益。

美国政府为降低商业银行的信贷风险而建立的信用担保体系也相对健全。SBA 与美国国内 7000 多家商业银行建立了合作关系，设立了 96 个网点，为科技型中小企业提供方便快捷、费用低廉的服务。2008 年，SBA 批准了近 70 000 个、总额共 130 亿美元的贷款担保，美国小企业低于 200 万美元的长期贷款 76% 都是由 SBA 提供担保的。政府出面的信用担保有效地缓解了科技型企业的融资难题，帮助企业应对经济的负面冲击。

3.1.2　银行主导向市场主导过渡型——日本

作为以科技立国的创新型国家，日本每年的研发投入占 GDP 的比重都在 3% 以上，其科技战略从第二次世界大战后的引进消化吸收再创新逐步过渡为自主创新，金融支持也随着科技战略不断演进，从最初的银行主导型逐渐向市场主导型转变。截至目前，日本的资本市场体系、中介体系、金融衍生品工具和金融制度等已日渐完善，为企业科技创新奠定了优良基础。在科技金融的推动下，硅岛、筑波科学城等典型代表应运而生。

1. 政策性金融机构与民间金融机构结合

日本企业对银行贷款极其依赖，这源于日本明治维新后从德国引进的主银行制（根据日本学者青木昌彦的定义，主银行是与企业有专属性、持续性和综合性交易关系的银行，主银行为企业提供主要的信用贷款，持有企业较多的股份，承担主要的监督责任）。由日本中央银行主导、以民间金融机构作为主体、以政策性金融机构作为补充的金融体系，是企业技术创新外源融资的重要来源。

自 20 世纪 50 年代以来，日本相继成立了开发银行、商工组合中央金库、国民生活金融银行、中小企业金融银行、中小企业信用保险金融公司等政策性金融机构，为中小企业提供相对商业银行来说利率更低、贷款期限更长、融资条件更为宽松的融资服务，有效缓解了技术创新过程中融资难、融资贵的问题。日本的民间中小金融机构也非常发达，分支机构多，分布广泛，有 6 家大型都市银行、19 家信托银行、106 家地方银行和 57 家外国银行，有效弥补了政策性金融机构的不足，成为科技型中小企业融资的新的供给方。2009 年，日本企业从银行获取的融资占所有外源融资的 41%。

知识产权担保质押是中小科技企业从政策性银行、民间银行及私人担保公司获取融资的重要渠道。初创期的中小科技企业缺乏有形资产等抵押物，银行可以帮助企业以著作权和专利权为质押物获取担保融资。银行贷款证券化作为金融衍生品，是日本支持科技中小企业的融资工具创新。具体做法是，银行将企业的应收账款打包出售给第三方，以增加资本的流动性，分散贷款风险，促使外部投资者参与企业的科技创新并从中受益。

2. 近 30 年逐步发展的资本市场

20 世纪 80 年代，日本政府开始推动金融国际化、自由化，逐步实现利率的市场化，资本市场得以迅速发展。经过近 30 年的努力，日本的资本市场已跃居世界前三，构建起了由股票市场、外汇市场、债券市场、金融衍生品市场和离岸金融市场等组成的多层次资本市场。

日本的创业板市场主要有东京交易所的 MOTHERS（Market of the High Growth and Emerging Stocks）市场、福冈交易所的 Q-BOARD 市场、大阪证券所的 JASDAQ 市场、名古屋的 Centrex 和札幌的 AMBITIOUS 等，以其创新性、流动性、高度透明性和快速性，成为科技型中小企业直接融资的重要市场。

3. 风险投资逐渐成为企业融资的重要来源

日本是亚洲最早出现风险投资活动的国家之一，20 世纪 50 年代就成立了风投金融机构——风险投资银行。目前已成立 1000 多家创业投资公司，投资总资本有 100 多亿日元，投资的对象主要是计算机、通信技术和信息工程等领域。

日本先后出台了许多鼓励风投的法律、法规，1995 年颁布了《中小企业创造活动促进法》，组建成立了总额 500 亿日元的创投基金；1997 年颁发了《天使投资税制》，允许外资、私人投资和养老基金进入风投行业；1998

年出台了《投资事业有限责任组合法》，允许风投机构以有限责任制形式存在。不断完善的资本市场，也为风投资金畅通了退出渠道，显著提高了风险投资的积极性。

4. 政府完善的法制环境和财税政策

为了打造良好的科技金融发展法制基础，日本政府自 20 世纪 40 年代伊始，就颁布了《中小企业信用法》和《中小企业信用保障协会法》等法律法规，为中小企业的信用评价、信用监督和信用融资奠定了法律基石。为尊重并支持中小企业的创新发展、调整产业结构层次、提升国家核心竞争力，1963 年日本颁发了《中小企业基本法》，同年还出台了《中小企业投资育成股份公司法》，组织建立了一些政策性金融机构和信用担保行业协会，为中小科技企业获得低息贷款、贷款担保等金融服务提供了便利。此外，《加强中小企业技术创新减税法》《中小企业振兴资金助成法》和《科学技术基本法》等多项法律相继颁布，以维护中小企业利益，鼓励其实现创新发展。

日本政府还从减免企业所得税、加快折旧、优惠研发费用税收等方面，多管齐下，减少科技企业的负担，激发企业的科研动力。1967 年制定了《增加实验研究经费的纳税减免制度》，对企业研发高新技术产品、购置科研仪器设备、加大研发投入等行为给予税收优惠；1985 年施行的促进基础技术开发制，缩短了企业科研设备的折旧年限，并对购买研发设备的企业给予所得税减免；2000 年修订的天使投资税制，使天使投资人有机会获得金融支持和税收优惠，大大激发了创业投资的热情。

日本在亚洲是信用担保体系最早成型的国家。不仅组建了中小企业信用评级、信用担保、信用管理，以及监察保障的专门机构，如东京都中小企业信用担保协会、中小企业信用保险银行等，还打造了完善的信用担保法律基础，制订了《信用保障协会法》《中小企业信用保证协会法》等。此外，还积极引导社会资本投向科技企业的信用担保，采取担保与再担保相结合的创新模式，为中小科技企业的成长发展创造条件。

3.1.3　政府主导型——印度

印度是一个拥有 10 亿人口的大国，经济欠发达，但软件产业发展速度令全世界瞩目。20 世纪末，印度确定了"用电子革命将印度带进 21 世纪"、优先发展软件产业的治国方略，并在第三大城市——班加罗尔市出资 60 亿卢比，创建了计算机软件技术园区。截至目前，印度已有 18 个软件园区，最早建立的班加罗尔软件园业已成为印度的"软件之都"和全球第五大"信息技术中心"。2012 年，印度软件及服务业总产值达到近 1000 亿美元，直接就业人数有 250 万人，占全球软件外包市场的比重为 58%。印度科技金融发展的经验包括以下几方面。

1. 政府强有力的支持

自 1958 年印度议会颁发《科学政策决议》，对国家科研体系做出顶层制度设计之后，印度政府又陆续颁布了《技术政策声明》《2003 科学技术政策》《2013 科学技术和创新政策》等文件，进一步明确了印度科技的发展方向，同时也铺垫了科技金融的法律基础。印度政府还出台了《信息技术法》和《版权法》等，以保护科技企业的知识产权，鼓励企业技术创新。

印度研发投入占 GDP 的比重仅为 0.8% 左右（不到我国的一半），但一直由公共部门主导，70%~80% 来自中央及各邦政府，以技术企业家促进计划（TEPP）、医药研发支持基金（PRDSF）、小企业创新研发支持计划（SBIRI）等形式进行支持。印度政府非常注重高等教育，高等院校承担着科学研究和培养人才的双重任务，其 50% 的科研经费也是由政府直接资助。

印度为国内的研发企业制定了多种税收激励政策，包括减免企业研发投入的所得税，减免政府批准的研发项目的税收，免征研发单位所需固定设备和耗材的进口关税，使用国内自主技术生产的商品可免税三年，商业性研发公司享受免税期等。

2. 独特的风险投资体系

印度的风险投资行业发展迅速，这得益于政府的大力支持。日益活跃的风险投资行业对印度软件业的发展起到了非常关键的促进作用。1986 年，印度政府出资 1 亿卢比建立了国内第一支风险投资基金，之后每年为该基金新注入 1 亿卢比。1996 年成立的技术发展委员会也直接参与风险投资，为科技企业提供种子基金。1999 年印度政府和两家银行共同组建的软件与信息产业风投基金是目前比较有代表性的产业风投基金，专门为 IT 产业、数据通信、多媒体和电信等行业的小微企业提供融资，为印度软件业的腾飞立下了汗马功劳。

印度政府不仅直接参与风投，还制定了相关财税政策支持风投行业，包括政府为高新技术风险企业提供风险补贴、印度证券交易所对风险投资企业采取长期资本利得全部免税的优惠税收政策等。

在包容发展理论的指导下，印度政府出台了《印度毛里求斯税收条约》，通过让海外投资者规避税收，来引导外资（包括跨国公司和国外印裔企业家）投入风投行业。2012 年，有 35 亿美元风险投资基金投向印度，占全球风投基金的 1.09%。2011—2012 年，外资占印度风投总资本的比重达到 80% 以上。

3. 支持创新的资本市场

在英国殖民的影响下，印度的资本市场历史悠久，形成了比较完善、透明、高效的多层次股票市场。该市场不仅为风险投资提供了顺畅的退出渠道，也为培育和扶持高新技术企业提供了重要的直接融资场所。目前，印度有 2 家全国性股票市场（印度国家股票交易所、孟买股票交易所）和 25 家地方性股票市场。根据世界银行的数据，截至 2015 年 12 月底，印度有 5835 家上市企业，数量是我国的两倍。

印度资本市场中资产和财产的股票化、证券化程度比较高，企业从资本市场融资相对便利。而且印度多层次的资本市场一直重视支持中小企业、促进高科技产业发展，培育了软件业巨头 Wipro 和 Infosys 等一批世界知名的高科技企业。

3.2　国内典型区域的科技金融发展模式

3.2.1　北京

北京市是我国科技资源与金融资源最富集的地区之一，开展科技金融工作的条件得天独厚。2011 年，中关村被国家相关部委确定为首批促进科技和金融结合的试点地区，2012 年，中关村又获批建设"国家科技金融创新中心"。在中关村先行先试的基础上，北京市科技金融通过"政府引导+

市场运作"，形成了独具特色的"一个环境+两项支撑+N 种产品和手段"模式。

（1）一个环境：指科技金融发展的政策环境。2008 年至今，北京市先后出台了多个引导、促进科技金融发展的政策文件，来推动企业科技创新、激励金融支持与创业引导基金。《关于推进首都科技金融创新发展的意见》《关于促进股权投资基金业发展的意见》《关于促进银行业金融机构在中关村示范区核心区设立为科技企业服务的专营机构的指导意见》《关于加快中关村示范区知识产权质押贷款工作的意见》《关于进一步推进企业上市工作的意见》《关于示范区促进融资租赁发展的意见》《关于促进北京市融资性担保行业规范发展的意见》《关于支持瞪羚重点培育企业的若干金融措施》等一系列文件的印发，为北京市科技金融发展营造了良好的政策环境。

（2）两项支撑：指科技信贷和多层次资本市场。北京市辖区内有 642 家金融机构法人单位，其中有银行 33 家、保险公司 61 家、融资性担保公司 128 家。在北京市多项政策的鼓励引导下，北京市各家银行不断扩大科技信贷规模，2013 年，北京银行、浦发银行、中国工商银行、招商银行等 11 家银行科技信贷规模达到了 307 亿元。北京银行、建设银行等 18 家银行在北京设立了科技信贷专营机构、科技支行、科技分行，有的银行内部还成立了专门为中小企业服务的"科技金融部""小企业金融部""小企业服务中心"等，通过提高风险容忍度、实施单独考核、信贷产品开发与创新等举措，拓展为科技型中小企业服务的路径。

多层次资本市场是科技企业直接融资和创业投资退出的重要渠道。为了促进非上市公司的股权交易，开展构建多层次资本市场的有益尝试，北京市 2006 年启动了中关村科技园区非上市股份有限公司报价转让试点。截至 2015 年年底，股份转让系统中有 10 627 家企业挂牌和备案，平均市盈率达到 47.23 倍。2012 年 9 月，"新三板"——全国中小企业股份转让系统有限责任公司成立，标志着北京市成为我国继上海、深圳之后，第三个具有全国性资本交易市场功能的城市。

（3）N 种产品：北京市金融机构针对科技型企业重技术、轻资产特征，开发出了多种金融产品。其中知识产权质押（包括北京银行的"智权贷"、建设银行的"知贷通"、交通银行的"智融通"等）是银行针对有版权、商标权和知识产权等企业普遍开展的一项业务。2012 年，北京辖区内的 10 家商业银行共计发放了 58.89 亿元的知识产权质押贷款。针对中小型科技企业开发的其他创新性金融产品还有股权质押、应收账款质押、订单质押、基金贷、节能环保贷款、基金宝等。

（4）N 种手段：主要包括科技担保和再担保、科技保险、搭建科技金融平台、构建信用体系等。北京市科委改变了原来财政科技无偿资助的投入方式，与担保机构合作，为他们提供担保补贴。担保机构除传统的银行贷款担保业务外，还针对科技型企业发行了"中小企业私募债""集合信托""债权基金"等产品担保。再担保机构如北京市中小企业信用再担保有限公司，通过搭建担保融资服务平台，为科技型中小企业充分发挥了融资功能。科技保险业务在北京开展得较为迅速。2011 年，企业在产品研发责任险、关键研发设备险、研发人员和高管健康与意外险等险种上支出保费较多。北京市构建了高技术创业服务中心、北京生物中心等一站式、多样化的科技金融服务平台，以增进金融资本与中小企业之间的信息沟通和对接。"失信惩戒、守信受益"的信用体系建设是北京市科技金融工作的基础。北京市建立了供社会各界查询的企业信用信息服务系统，特别是中关村成立的信用促进会，通过提交信用报告和企业信用评级报告，对企业获得信用保险、信用贷款和财政资助以及政府采购起到了促进作用。

3.2.2 广东

"广佛莞"地区和深圳市是广东省最早从科技部、一行三会获批进行科技金融结合试点的两个地区。在先行先试的基础上，广东省探索出了独具特色的由一个专项、两大平台和三个体系构成的科技金融模式。

（1）一个专项：指的是科技金融专项。从 2014 年起，广东省转变了以往财政科技投入的结构类型和支出方式，设立了"产业技术开发与科技金融专项引导资金"，通过杠杆效应，撬动金融机构和社会资本投入科技创新与科技产业。一是在科技信贷层面，政府与银行、投资机构等金融部门合作联动，设立了科技投融资风险准备金及风险补偿资金，按一定比例补偿科技型中小企业贷款坏账产生的实际风险损失；二是在创投联动层面，建立财政科技资金与创业投资基金协同合作的"科技金融创投联动"资金，通过股权投资的方式参股众创空间与科技企业孵化器的天使投资基金、互联网股权融资领投基金及新三板科技基金等，引导鼓励创投机构向种子期、初创期和早中期的科技型中小企业更多地投资，促进科技成果转化与产业化；三是设立"科技金融服务体系建设"软科学专题，为科技型中小企业提供科技政策解决、融资产品咨询、财税法律中介等一站式、多方位的科技金融服务。2011—2015 年，广东省财政累计投入科技金融专项达 12 亿元。

（2）两大平台：解决了科技型企业融资对接中"最后一公里"的问题，有效缓解了企业难融资和金融难借贷的信息不对称矛盾。一个平台是依托广东省粤科金融集团建成的政策性科技金融网络，围绕产业链、创新链部署金融链，截至 2016 年上半年，该集团在省内国家级高新区设立了 9 个子公司和 5 个融资担保公司；第二个平台是依托广东省各级科技系统和省生产力促进中心建成的 28 个科技金融综合服务中心，由线上和线下网络构成，汇聚当地的服务力量和资源，为科技型企业提供投、融资和技术创新咨询服务。

（3）三个体系：由科技风险投资、科技信贷和科技多层次资本市场体系构成。截至目前，广东省已累计支出 16 亿元构建三大体系。其中 4.5 亿元作为信贷补贴金、风险准备金、风险补偿金和再担保基金，引导支持 20 余家金融机构向科技型企业发放科技信贷；4 亿元作为天使投资引导资金，与其他创投机构共同合作，对种子期、初创期和早中期的科技型中小企业进行跟进投资；设立了 7.5 亿元的省重大科技专项创业投资基金；联合建行设立了 50 亿元规模的重大科技成果转化母基金，在省内发起设立子基金，有效带动了社会资本参与科技创新活动的积极性。省科技部门通过设立重大科技专项基金、重大科技成果转化基金、战略性产业基金等方式，吸引了苏州工业园区元禾原点创业投资管理有限公司、南京紫金科技创业投资有限公司、投中投资咨询有限公司、清科集团等一大批知名创投机构在广东落户；深圳市创新投资集团有限公司、深圳市创东方投资有限公司等省内基金管理公司也在广东本地积极开拓业务。

3.2.3　厦门

作为国家第二批促进科技和金融结合的试点城市之一，厦门市通过优化政策、完善制度、打造平台、培育专业队伍、创新产品服务等举措，形成了"政府引导+金融机构支持+社会资本参与"的科技金融格局，有效促进了区域创新能力的提升。

（1）政策+制度：为鼓励科技创新与成果转化，规范科技金融良性发展，厦门市颁布了《厦门市加快科技创新具体行动计划（2015—2016）》《关于全面推进大众创业万众创新、创建小微企业创业创新基地示范城市的实施意见》《厦门市科技型中小微企业备案登记管理办法》《厦门市科技成果转化与产业化基金暂行管理办法》《科技与金融结合支持人才创新创业暂行办法》等专项政策文件，并建立了厦门市科技金融联席会议制度，由科技部门、财政部门和一行三局共同参与、统筹规划科技与金融资源，顶层设计科技金融政策与制度。厦门市政府积极推动科技计划和科技经费管理创新，将财政科技投入由原来小而散的无偿资助形式转变为股权投资引导、贷款贴息担保、科技保险补贴、风险补偿金、项目后补助等多项组合的方式。2013—2015年，厦门市累计支出4.54亿元，引导撬动银行资金和民间资本100多亿元，为400多家科技企业进行贷款贴息。

（2）平台+队伍：厦门市科技部门以"建设新阵地、创新新机制、抢抓新产业"为目标，牵头成立了由10家企业参股、控股的厦门市科技产业化开发建设公司，组建了涵盖高新技术研发和高新技术产业化示范等内容的专业化科技创新创业服务平台。其中高新技术研发支撑平台包含集成电路设计、模具工程、环境保护、机动车污染控制技术中心等；产业化示范体系则由厦门科湖集成电路发展有限公司、厦门科翔高新产业发展有限公司、厦门联创微电子股份有限公司、厦门海峡科技创业促进有限公司组成。厦门市科技部门组织50多家创投和风投基金管理公司发起成立了厦门市科技创业投资联盟，通过项目路演来推动社会资本与科技企业的快速对接。厦门近200家众创空间不仅为创业者提供了总面积达800多万平方米的创业创新孵化场所，还具备了创业指导培训、项目路演孵化、创投基金引介、品牌宣传推广等低成本、一站式、综合性服务功能。

（3）产品+服务：厦门市政府与 21 家商业银行、保险公司、担保公司共同组建科技金融专营机构和专营团队，在企业准入门槛、信用贷款授权、风险容忍度等方面先行试验，开发更加符合科技型中小企业特点的融资环境、融资产品和服务。一是深化科技与金融机构合作，设立了 3000 万元的科技型中小微企业贷款担保和贷款风险保证补偿专项资金，以降低科技企业的融资门槛。二是大力推动科技担保贷款。厦门市为 200 多家中小微科技企业累计发放科技担保贷款 19 亿元，辅以贷款贴息、担保补助等形式，使企业融资成本降低了 40% 以上。在科技担保贷款这一品牌业务的支持下，22 家企业在"新三板"顺利挂牌，4 家被上市企业并购，3 家获中国证监会 IPO 预先披露。三是积极发展科技股权投资。厦门市采用 PPP 模式，与近500 家股权投资机构合作，成立了政府引导、市场化运作的基金，包括 100 亿元产业引导基金、19 亿元新兴产业创投基金、1.5 亿元科技成果转化与产业化基金。四是试点科技保险。厦门市财政设立了 1000 万元的科技保险补贴专项资金，作为科技型中小企业参加科技保险的保费补贴，分担科技企业的创新创业风险。五是科技部门联合金融机构，针对中小微科技企业轻固定资产、少抵押物等特点，开展了知识产权质押和信用获得无抵押融资服务。

3.2.4 江苏

江苏是我国创业投资最活跃、率先开展科技金融机制创新的省之一。在《江苏省关于加快推进金融业改革发展的意见》《省科技金融发展专项引导资金管理办法》《人民银行南京分行关于加快江苏省科技金融创新发展的指导意见》等政策指导下，江苏省科技金融健康有序发展，形成了商业银行、创业投资、租赁保险担保、小额贷款及证券等组成的多元化、多层次的科技金融体系，发挥了"投贷保联动"的整体效应。

创业投资最活跃：2014 年全省有创投机构 518 家，创投基金 408 支，创投管理机构 110 家，连续 4 年保持我国创业风险投资机构数量最多的地位。企业是创业投资的主要参与者，企业资本占到创投总资本的 50% 以上，其中政府和国有独资投资机构出资额度超过了 35%，说明江苏省创业投资是以政府为主导的。从投资项目阶段看，创业投资具有从初创期向成长期、成熟期投资"阶段后移"的特点。

率先设立科技小额贷款公司：江苏省科技金融工作的一个重大突破和突出亮点是 2010 年在全国率先成立了科技小额贷款公司。截至 2013 年年末，江苏省已注册 573 家小贷公司，贷款余额高达 1143 亿元，位居全国第一。按照《江苏省关于开展科技小额贷款公司试点的意见》，小贷公司以放贷快捷、机制灵活、准入不高的经营特点，针对高新区内的企业开展小额贷款和创业投资服务，还开发出统贷统还、中小企业集合债券、无质押贷款、股债权互换等债权和股权产品，极大地满足了科技型企业的融资需求。

率先开展科技保险试点：江苏省苏州市和无锡市在 2007 年就参加了国家科技保险试点。2012 年，国内首家科技保险支公司——人保财险苏州科技支公司在江苏注册成立，对省内的高新技术企业开展保险服务，帮助企业降低和分散科研风险。到 2012 年年底，江苏省科技保险保费收入达到 1.6 亿元，支付理赔款 4000 万元，为 800 多家（次）科技企业提供了 700 多亿元的科技研发与成果转化风险保障。

率先开展知识产权质押贷款：江苏省 2009 年 2 月成为全国唯一的知识产权战略示范省，出台了《知识产权抵押贷款试点办法》《知识产权质押贷款服务规范》等政策文件，开展了知识产权质押贷款和知识产权运营试点。2009—2013 年，江苏省企业通过知识产权质押累计获得贷款超过 100 亿元，知识产权业已成为助推企业融资发展的重要战略资源。

3.2.5　成都

成都高新区也是我国首批开展促进科技和金融结合试点的园区。在高新区的辐射带动下，成都市把不断"完善科技金融服务体系"作为建设创新型城市的目标之一，先后出台了《实施创新驱动发展战略、加快建设创新型城市的意见》和《支持企业创新能力建设的若干政策》，通过政府引导和财政支撑，不仅在理论上率先提出了构建科技型中小企业梯形融资体系，而且在实践上搭建了科技金融服务平台，创新了科技金融产品与服务，形成了独特的"成都模式"。

构建梯形融资服务体系：以"梯形融资模式"理论（该理论意为按照企业在不同生命周期的融资需求，建立由内源融资、财政资金、风投基金、债权和股权融资及上市融资组成的梯形融资模式）为指导，成都市用财政科技投入作杠杆，引导各类金融机构创新科技金融工作机制，初步建立了债权融资、股权融资和上市融资三大服务体系。其中债权融资体系以企业信用体系建设为基础，以政策性风险补偿资金和科技专利保险资金为支撑，涵盖了商业性担保、政策性担保、财政性再担保的多层次融资服务；股权融资服务体系涵盖了天使投资、创业投资、私募股权投资、产业投资；上市融资服务体系以创业板和"新三板"为突破，对企业改制上市服务协作机制进行了完善。

搭建科技金融服务平台：一是以政府主导的，由市科技局和市生产力促进中心于 2009 年联合创办的科技金融服务平台。该平台以财政投入为引导，与银行、保险公司、担保公司、创投机构和知名券商建立了会员制合作机制，为科技企业提供科技与金融政策产品、中介服务、信息对接、孵化培训等综合服务。截至 2012 年年底，平台在成都市 19 个区（县）建立了工作站，银行授信 22.4 亿元。二是以企业为主导的，由国资公司创办运营的"盈创动力"。该平台通过动态更新的企业核心数据库——"天府之星"，为中小科技企业提供包括融资担保、小额贷款、统贷统还等债权融资服务和创投、私募、政府引导基金等股权融资服务，以及并购、上市辅导等增值服务。

创新科技金融机构、产品和服务：成立了为科技企业服务的专营金融机构，如 2009 年成立的成都银行科技支行与建设银行科技支行、2012 年成立的交通银行科技支行。科技支行针对科技企业轻资产特性，创新了金融产品与服务。如成都银行科技支行先后推出了知识产权质押贷款、"桥隧式"贷款、医药科技企业置业贷款、"统贷统还"贷款模式，并逐渐实现产品的标准普及和批量定制；建设银行科技支行为中小科技企业量体裁衣，推出"成长之路""速贷通"等融资产品；交通银行科技支行通过建立专职客户经理制度和流程一站式审批制度，增设咨询、理财、结算、上市等配套金融服务，以及加强银政合作、银保合作，进一步优化了科技金融服务。

五个地区科技金融特色模式及核心内容见表3.1。

表3.1　五省市科技金融特色模式及核心内容

省市	参与者	特色模式	核心内容
北京	政府	中关村成立信用促进会	通过提交信用报告和企业信用评级报告,对企业获得信用保险、信用贷款和财政资助、政府采购起到了促进作用
		制定政策,营造环境	出台多个引导、促进科技金融发展的政策文件,激励金融与创投支持企业科技创新
	银行	北京银行中关村分行	专门成立科技支行,开发"智权贷""科技贷""见贷即保""银租通""银税通""成长贷""小微贷"等产品。2015年6月,全国首家、唯一一家由银行设立的众创空间——北京银行"中关村小巨人创客中心"正式诞生。首次打造投贷联动
		建设银行中关村分行	成立科技金融部,认可科技型中小企业的专有技术、核心技术和专利品牌,打造"诚贷通""保贷通""知贷通""订单通"等产品,满足科技企业初创期、成长期、发展期需要
	非银行类金融机构	担保保险	担保机构发行了"中小企业私募债""集合信托""债权基金"等产品;保险机构研发责任险、关键研发设备险、研发人员和高管健康与意外险等产品
广东	政府	设立"产业技术开发与科技金融专项引导资金"	用于信贷补贴金、风险准备金、风险补偿金和再担保基金
		设立专项基金	重大科技专项基金、重大科技成果转化基金、战略性产业基金,吸引大批知名创投机构落户
		搭建科技金融综合服务中心	依托广东省各级科技系统和省生产力促进中心建设,为科技型企业提供投融资和技术创新咨询服务
	银行	20余家金融机构	向科技型企业发放科技信贷
	非银行类金融机构	广东省粤科金融集团建设政策性科技金融网络	在省内国家级高新区设立了9个子公司和5个融资担保公司

续表

省市	参与者	特色模式	核心内容
厦门	政府	发起成立科技创业投资联盟	由 50 多家创投和风投基金管理公司组成，通过项目路演来推动社会资本与科技企业的快速对接
		科技保险	设立 1000 万元的科技保险补贴专项资金，分担科技企业的创新创业风险
		科技股权投资	成立政府引导、市场化运作的基金
	银行	21 家商业银行	开展知识产权质押和信用获得无抵押融资服务
			贷款贴息、担保补助使企业融资成本降低了 40% 以上
	非银行类金融机构	担保公司	推动科技担保贷款，为 200 多家中小微科技企业累计发放科技担保贷款 19 亿元
江苏	政府	主导创业投资	政府和国有独资投资机构出资额度超过了 35%
	银行	科技支行	中国农业银行无锡科技支行等多家科技银行
		率先开展商标权和知识产权质押贷款	2009 年成为全国唯一知识产权战略示范省，开发"科贷通""科技之星""创业一站通"等产品
	非银行类金融机构	人保财险苏州科技支公司	2012 年率先开展科技保险试点
		2010 年率先设立科技小额贷款公司	开展小额贷款和创业投资服务，开发出统贷统还、中小企业集合债券、无质押贷款、股债权互换等债权和股权产品
成都	政府	梯形融资模式	"内源融资+政府扶持资金+风险投资+债券融资+股权融资+改制上市"
		首个创业投融资增值服务平台"盈创动力"	为企业提供直接投资及投融资服务，引导民间资本投资
	银行	成都银行科技支行	推出知识产权质押贷款、"桥隧式"贷款、医药科技企业置业贷款、"统贷统还"贷款模式，并逐渐实现产品的标准普及和批量定制
		交通银行科技支行	建立专职客户经理制度和流程一站式审批制度，增设咨询、理财、结算、上市等配套金融服务
		建行科技支行	推出"成长之路""速贷通"等融资产品
	非银行类金融机构	创业投资引导基金和风险投资作为补充	股权融资模式为科技型中小企业拓宽融资渠道，更好地发挥政府的引导和杠杆作用

3.3　典型案例

本节选取硅谷银行金融集团、斯坦福大学、史太白基金会，从金融机构、大学和中介机构的角度进行典型案例分析，寻求国外成功的科技金融模式，为新疆提供借鉴。

3.3.1　硅谷银行金融集团模式

硅谷银行金融集团的前身是 1983 年成立的硅谷银行，集团于 1987 年在美国纳斯达克上市，截至 2010 年年底，集团总资产达 175 亿美元，净资产达 12.7 亿美元。硅谷银行金融集团组织架构如图 3.1 所示。

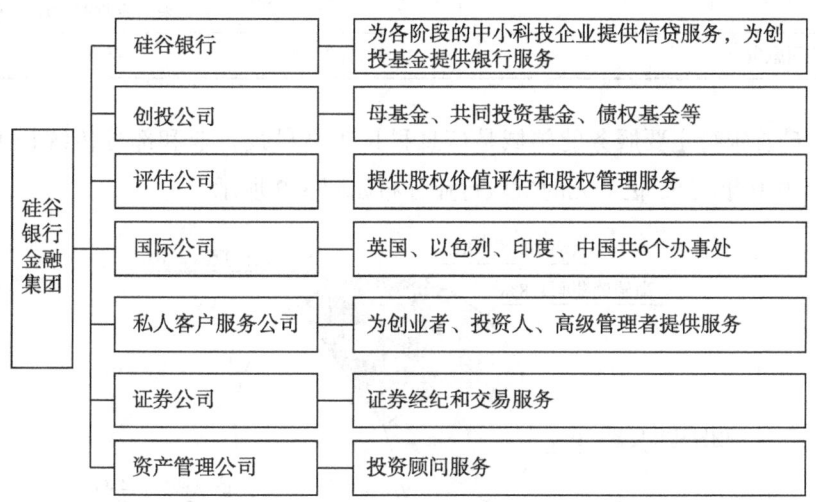

图 3.1　硅谷银行金融集团组织架构

硅谷银行金融集团是一家金融控股公司，通过旗下的硅谷银行、SVB分析、SVB 资本和 SVB 私人银行为企业提供多样化的金融服务，包括商业、投资、国际和私人银行服务及资金管理、经纪自营交易、资产管理等。作为全球为创业者提供投融资服务最成功的金融机构，其成功经验有以下三个方面。

（1）与创投基金建立战略联盟。

硅银集团与 500 余家风投基金建立了全面合作关系，合作内容包括：向创投基金提供金融服务（包括开户、基金托管等）；硅谷银行为创投基金提供贷款，硅银创投提供股权投资；硅谷银行和硅银创投为获得创投基金的企业提供直接或间接融资。

（2）硅谷银行为创业企业分阶段、分行业提供融资服务和其他增值服务。硅谷银行为三个发展阶段的企业量身定做各种金融服务，详见表3.2。

表3.2　硅谷银行为不同成长阶段企业提供的不同服务

阶段	企业发展状况	企业销售收入	银行服务种类
加速期	初创期企业或早期发展阶段	小于500万美元	中长期贷款
成长期	产品上市	500万~7500万美元	流动资金贷款，一般采用应收账款质押等
公司融资	—	大于7500万美元	财务管理

硅谷银行主要服务的领域是信息科技等高科技行业和部分传统轻工行业，2010年其55亿美元的贷款行业分布如图3.2所示。

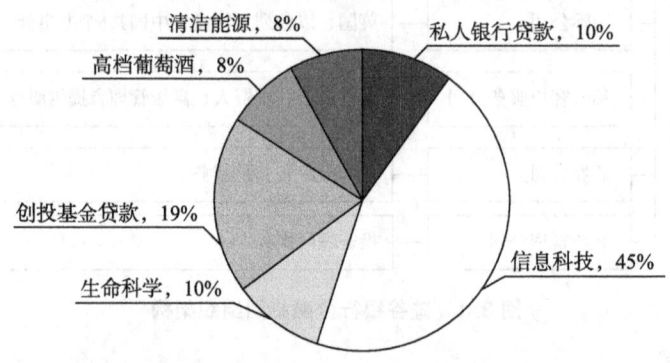

图3.2　硅谷银行2010年贷款行业分布

硅谷银行除提供资金支持外，还为创业者提供多元化的增值服务，主要是为早期创业者提供独特的银行体验和服务，并通过多种形式培训企业的CEO。还为其他发展阶段的企业推介商业合作伙伴、企业专业技术和高端管理人员、推进国际化战略等。

（3）强化风险控制与管理。

建立熟悉市场和细分的专业营销团队，或依托有合作关系的创制基金，对拟投资的创业者进行风险甄别、风险管理和风险防控；基于十余年历史数据开发出信贷风险评估模型，对风险进行量化评估和预测，以合理配置资产，实现风险的最小化与收益的最大化。

3.3.2　美国斯坦福大学 OTL 模式

该模式将为科研院所和大专院校的技术转移和成果转化提供借鉴。技术授权办公室（OTL）1970 年 1 月 1 日由斯坦福大学首创，主要负责发掘、转让校内学生和科研人员具有商业价值的发明，以获得可观收益。

OTL 知识产权管理与技术转移模式的流程包括：①发明持有人通过 OTL 向学校披露自主知识产权的技术或发明，OTL 安排一名技术经理具体对接并负责后续流程；②技术经理在确认有企业愿意接受该技术或专利的许可后，评估技术的应用价值和市场前景，再自行决定是否申请专利（专利申请必须以学校名义）；③技术经理全权代表学校与先到的并且具备商业化条件的企业谈判签订专利许可协议；④OTL 收取和分配专利许可收入。

一般，发明人可与院、系平均分配专利许可收入，各得 1/3；也有学校实行累计递减制。得益于美国《拜杜法案》等知识产权保护法律制度的健全，OTL 模式成为很多美国大学技术转移的标准模式。它的创新之处在于以下三个方面。

（1）由大学法定的专利管理机构亲自负责专利事务，而不是交给第三方中介组织。OTL 重视专利销售，但专利的商业化目标不是营利，而是激励师生面向产业需求进行技术发明和创造。

（2）技术经理代表学校全权负责专利申报、销售和保护，不仅要有一定的理工科知识背景，还要擅长企业经营管理、法律咨询和商业谈判的技巧。

（3）可从物质和精神上激励专利发明人。物质层面的收益，源于专利许可收益分配；精神层面的收益，提升了发明人在院校中的声望和地位。

3.3.3　德国史太白模式

史太白经济促进基金会是全球最大的技术转移中介机构之一，于 1971

年创立，以德国技术转移先驱、近代商业之父费迪南德·冯·史太白命名。史太白基金面向全球提供技术与知识转移服务，目前在 50 多个国家设立了 850 个转移中心，并拥有众多附属机构、风险投资伙伴和项目合作者。其组织架构如图 3.3 所示。

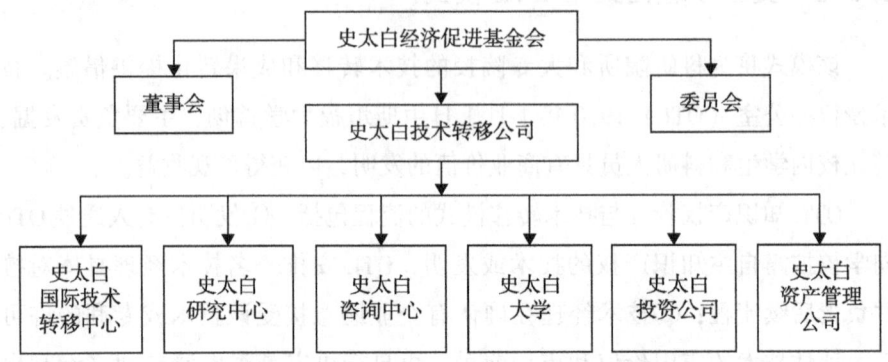

图 3.3 史太白经济促进基金会组织架构

其中，史太白国际技术转移中心主要分布在综合性大学及研究所、应用科学大学和合作教育大学内，有的则与合作伙伴共建。基金在为科技型中小企业提供业务咨询、技术支持、商业策划、评估评价及员工培训等方面业绩突出，2002 年这几项服务收益达到 1.61 亿马克，占总收入的 91%。由于经营有道，基金虽没有政府津贴但仍能良性运转。其成功运营模式源于"一链一网"。

（1）形成了技术转移的"人才+技术+资金"的全产业链。

基于客户对技术转移人才的多元需求，史太白基金会创办了史太白大学，由史太白技术转移学院的教学人员授课，培养横跨学术界和工业界的新一代工商管理人才。教学课程注重理论与实践的结合，更为侧重创新方法如何运用于实践。史太白研究中心围绕汽车制造、信息技术、生命科学、节能环保、新材料、工程技术、光机电等技术，利用优秀的人才和专家，发掘有潜在经济价值的知识和技术，使之能与客户要求相吻合、更贴近市场需求。为解决中小企业启动资金不足的问题，史太白国际技术转移中心还协助企业申请商业贷款及德国或欧盟的资金扶持。

（2）建立了全球技术转移网络。

史太白基金会在总部设立了国际事务部，并在全球 40 多个国家和地区（包括中国、英国、美国、法国、日本、意大利、波兰、澳大利亚、西班牙、阿尔巴尼亚、印度等）建立了技术转移中心，形成了全球技术转移网络。通过网络平台，可以帮助基金会整合全球资源，获得项目与任务需求，吸纳有一定声誉的专家教授为成员，同时帮助中小企业找到恰当的合作伙伴，为其提高国际竞争力、开拓国际市场提供解决方案。

3.4　对新疆的启示

从国内外科技金融发展的不同特征来看，无论是资本主导型的美国模式、银行—市场过渡型的日本模式、政府主导型的印度模式，还是国内的北京模式、广东模式、厦门模式、江苏模式、成都模式，构建科技金融体系都需要政府"有形的手"和市场"无形的手"作牵引，需要打造完善的法制环境，营造宽松的市场环境。

第一，政府的引导是科技金融存在和发展的基础，这种特征在印度和中国更显著。政府一方面通过制定相关法律法规，引导和规范金融机构、社会资本支持企业自主创新并提供制度保障；另一方面通过财政补贴、税收优惠或风险分担等手段，如设立引导基金、风险补偿金、贴息贷款、税收减免等，激发金融机构和社会资本向企业技术创新加大投入。

第二，我国是银行占主导的金融体系，因此，银行的间接融资是科技金融存在和发展的主要动力。很多国家和国内很多省市建立了专门为科技型中小企业服务的"科技银行"，通过创新金融产品、拓展金融服务，对高风险、高投入，同时又高回报的科技企业开展"小急频"专项服务。

第三，发达的风险投资市场和多层次资本市场是科技金融存在和发展的重要支撑，是企业直接融资的重要来源。这是美国科技金融体系的重要特征，也是其他国家努力的方向。

第四，完善的中介服务体系，包括信用评价机构、贷款担保机构、知识产权评估认证机构等，是科技金融体系的润滑剂，也是解决信息不对称、防范道德风险的重要平台。

3.5　小结

　　本章在文献调研和对北京中关村、广东深圳等地调研的基础上，总结出国内外科技金融发展的典型模式。国外有以美国为代表的资本主导型、以日本为代表的银行主导型、以印度为代表的政府主导型，国内自 2011 年科技部和一行三会在全国 16 个地区首次开展了科技与金融结合试点以来，也陆陆续续形成了北京的中关村模式、广东的广佛莞模式等。科技金融发展模式的国际比较分析，将为后面 4.1 节"科技金融构成要素分析"和 7.1 节"新疆科技金融发展模式设计"奠定基础、提供借鉴。其中哪一款模式适合新疆，能否"拿来主义"，还需要进一步挖掘新疆科技金融的资源禀赋、发展模式和运行特征。

第4章

科技金融发展模式的驱动机制分析

科技金融发展模式作为外在表现，取决于科技金融的参与主体的动机与关系。本章将在分析科技金融各参与主体目标函数、约束条件、产品类型和交易关系的基础上，构建我国科技金融框架结构图，划分发展阶段并追溯其驱动机制。

4.1　科技金融构成要素分析

政府、金融机构、企业、科研院所与大专院校、中介组织等主体两两相互作用，有机构成了科技金融体系。在这一体系中，各主体因不同的目标函数和约束条件而决定了不同的功能、产品类型和适用匹配。在推进"大众创业、万众创新"、激发经济增长新引擎大背景下，众创空间、孵化器、加速器等科技企业孵化培育平台如雨后春笋般建立起来，成为科技金融体系的重要组成部分。

4.1.1　参与主体及其目标函数与约束条件

1. 政府

政府是科技金融体系中发挥引导、服务和监管等功能的主体。其作用主要包括为科技金融体系的高效运营制订法律法规，提供政策支持和政策导向，指导投融资方向；为科技金融提供财政引导资金，引导银行、担保、保险、创投、证券公司等向科技企业投入，并有重点地、倾斜性地扶持某一重点领域；扶持中介机构发展，搭建信息沟通平台，为科技金融营造良好的生态环境等。在我国东部地区，政府往往通过设立引导基金带动民间资本参与风投，与商业银行合作为中小微企业争取信贷资金、提供资金补贴，与保险公司合作推动科技保险等，成为科技金融体系中不可或缺的主导力量。

政府在科技金融体系中的目标函数是确保技术创新主体——企业与知识创新主体——科研院所和大专院校克服外源性融资约束，最大限度地满足技术创新与成果产业化、商品化的融资需求，从而促进整个区域的科技进步。约束条件一是由于地方财力不足（客观原因）或政府支持科技创新意识不到位（主观原因），财政引导资金匮乏，不能有效发挥财政科技投入的杠杆作用；二是有限的财政资金分配方式、分配结构不合理，不能充分发挥财政资金的投入产出效益；三是机制设计不合理，包括激励政策与负面清单制定不完善等，不能有效调动金融部门和社会资本投入科技创新的积极性。

2. 金融机构

金融机构包括关系型机构和距离型机构两种类型。关系型机构是以银行为典型代表的金融中介机构；距离型机构是基于法律基础的，以证券市场、创业投资为代表的金融市场机构。金融机构能够将稀缺性资源在不同主体之间、在现在和将来之间进行调配的功能，决定了其在科技金融体系中具有举足轻重的作用。这种作用不仅体现在提供债权或股权资金支持方面，还体现在通过管理控制信息与风险、协助建立激励创新的机制、完善公司治理等渠道来促进技术创新。

在科技金融体系中，银行、资本市场、风险投资机构等作为创新资金供给的主体，其目标函数都是在风险可控的情况下，确保技术转化为商品时资本投入的收益实现最大化，但约束条件不尽相同。制约银行实现目标的制度缺陷是其所有权与控制权、经营权、剩余索取权相分离，使银行放贷积极性不高。另外，银行较大的规模、较少的分支机构、较低的市场化程度和行业竞争程度，以及风险补偿机制不健全等因素，都会对企业的技术创新活动产生抑制作用。因为规模大的银行对高风险性、不确定性的企业技术创新活动具有内生性规避动机，垄断性的银行结构在金融交易中处于谈判强势地位，对企业的创新租金会产生过多的掠夺，银行分支机构密度越小，甄选、监督企业的成本就越大。中国资本市场的行政干预性、高度垄断性、多层次市场间缺乏流动性，抑制了科技型企业在发展过程中对股权交易和股权融资的需求，降低了资本市场对技术创新的支持效果。受到不完善的政策法律环境约束，专业人才团队约束，资金来源规模和渠道约束、退出渠道约束，以及政府股权过多背离了市场化初衷，风险投资机构自身缺乏有效的运行机制，没有形成一套行之有效的项目评估体系等因素影响，风险投资不能有效发挥对企业直接融资的支撑作用。

3. 企业

企业尤其是高新技术企业是科技金融体系中资金的需求方，是科技金融支持的主要对象。其目标函数是通过加强与科研院所、大专院校的合作，将先进适用的科技成果转化，或是通过自主创新、研发高科技产品并商业化，同时规范企业管理制度特别是财政制度，提升信用水平，以寻求政府和金融机构的支持，使异质的科技成果被同质的资本孵化，从而使自筹资金及外源性资金得到几何级增值回报。

影响企业融资状况的主要因素有：地区金融发展水平、政企关系、银企关系、企业自身特性等。一个地区滞后的金融发展水平能够显著地影响"三高型"科技企业融资的获得性；在"关系型"社会，企业与政府、银行的关系，也是影响其融资的重要因素；当然，企业自身条件是融资成功的关键要素，包括技术或产品的成熟度和商品性、企业家精神、企业规模、企业生产经营管理状况、财务规范程度等。也有学者关注企业家性别、年龄、文化程度等个体因素对中小企业融资的影响。

4. 科研院所和大专院校

科研院所和大专院校具有知识创新和技术创新的功能，是科技金融体系的基础，是科研成果的提供者，也是政府和金融机构支持的对象。他们通过提高自身的研发能力与研发水平，不断创造出新知识、新技术、新工艺，并与高新技术企业进行合作，促进成果的商品化和市场化。

制约因素：一是科研院所和大专院校倚重论文发表和专利申请的考核机制，使得科研人员的研究以基础研究为主，研究成果大多束之高阁，距离具体应用、成果转化还有一段路程，即接地气的、可转化的、有商业价值的成果不多（2013 年我国的科技成果转化率仅为 10% ~ 15%，发达国家能达到 40% 的水平）；二是科技资本的投资主体和产权归属不清晰，导致科研成果产权虚化、转化困难；三是新的《中华人民共和国促进科技成果转化法》出台之前，不合理的成果转化收益分配机制，挫伤了科研人员转化职务发明的积极性，造成其短期行为的发生；四是成果转化融资渠道单一、融资风险大、融资方式可操作性差等因素，也影响着科研院所和大专院校的创新动力。

5. 中介组织

中介组织包括律师事务所、会计师事务所、评估师事务所、信用评级机构、券商分支机构、担保公司、孵化器、众创空间等，是联结科技金融各主体的桥梁和纽带。中介组织除了提供法律、政策、财务、税收等方面的咨询服务外，更重要的职能体现在三个方面：一是针对科技型企业"轻资产、少抵押物"的特性，为其提供知识产权或科技成果等无形资产的评估定价服务，为企业获得质押贷款或风险投资奠定基础；二是建立科技型企业的信用评级系统，通过第三方独立评估并进行信息发送，使金融机构和社会资本减少对企业的信用不对称，也使信用基础良好、有较好收益前景的企业更容易获得信用贷款或创业投资；三是甄别高科技、高风险、高收益的项目和企业，为其提供信贷担保或风险投资。

目前，国内中介组织虽然类型较多，但地区之间发展不平衡、供需不平衡的矛盾仍然比较突出。服务于科技计划评估、项目立项中期验收评估的机构比较多，服务于"双创"的众创空间、孵化器较多，但从事信用评估、信用担保的机构比较少；中介组织有限的服务不能满足日益增长的投资方和融资方的需求，有些缺乏资质，不能独立、客观、公正地提供评估和咨询报告；既熟悉科技、又熟悉金融的专业人员匮乏，也制约着中介组织为企业提供有关投融资和资本市场运作等方面的信息与咨询服务。

4.1.2 产品类型与适用匹配

1. 政府

政府通过提供财政科技投入、政策法规等公共产品，一方面直接地支持企业、科研院所和大专院校开展技术创新活动，另一方面通过引导金融机构、社会资本及中介组织加大投入、提供服务，间接地支持技术创新活动。

（1）财政科技投入是国家科技管理部门和财政部门支持技术创新的重要公共产品。2015年31个省（自治区、直辖市）财政科技支出情况如图4.1所示，我国各级财政投入共计7005.8亿元，以直接补助、后补助、贷款贴息、风险补偿金、基金、股权投资（含资本金注入）等形式，支持企业、科研院所、大专院校的技术创新。中央自科技计划体系改革以来，2014年起组织实施了国家重大科技专项、国家重点研发专项、国家自然科学基金、技术创新引导计划、基地和人才专项等计划。各省（自治区、直辖市）在科技部的统一指导下，也制订了各具特色、因地而异的科技计划体系（部分地区目前实施的科技计划体系见表4.1），并与时俱进地进行着改革，以提升当地的整体区域创新能力。

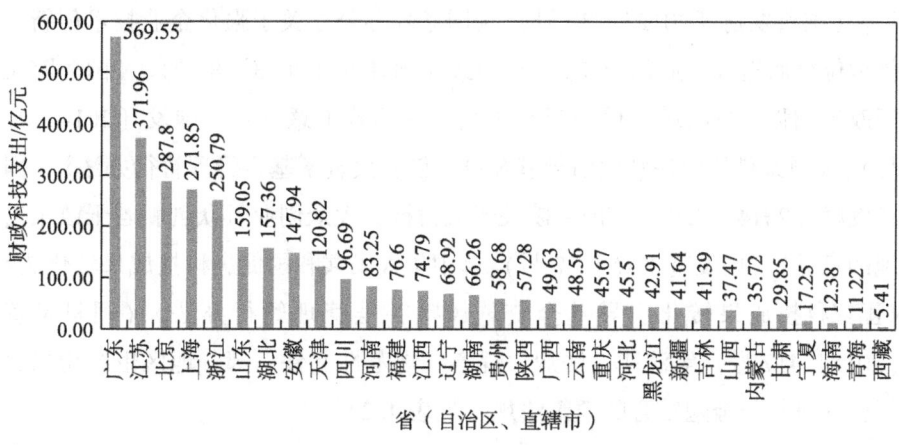

图4.1 31个省（自治区、直辖市）2015年财政科技支出情况

数据来源：《全国科技统计进步监测2015》。

表4.1 部分地区目前实施的科技计划体系

广东省	基础与应用基础研究、公益研究与能力建设、前沿与关键技术创新、产业技术创新与科技金融结合、协同创新与平台环境建设
厦门市	科技项目计划、企业研发经费补助计划、科技与金融结合计划
江苏省	基础研究计划、重点研发计划、科技成果转化专项资金、创新能力建设计划、政策引导类计划

成都市	企业能力提升工程、产业升级牵引工程、区域创新示范工程、校企协同创新工程、科技人才发展工程、创新环境优化工程
新疆	自治区重大科技专项、重点研发专项、科技成果转化示范专项、协同创新专项、创新条件建设专项

资料来源：根据各地区科技厅年度工作总结整理。

（2）政策法规是国家和地方政府为营造良好的科技金融制度环境而提供的重要公共产品。2011 年以来，国家先后出台了《关于进一步促进科技型中小企业创新发展的若干意见》（国科发政〔2011〕178 号）、《关于促进科技和金融结合加快实施自主创新战略的若干意见》（国科发财〔2011〕540 号）、《科技部关于进一步鼓励和引导民间资本进入科技创新领域的意见》（国科发财〔2012〕739 号）、《国务院办公厅关于强化企业技术创新主体地位全面提升企业创新能力的意见》（国办发〔2013〕8 号）、《国务院关于改进加强中央财政科研项目和资金管理的若干意见》（国发〔2014〕11 号）、《国家科技成果转化引导基金设立创业投资子基金管理暂行办法》（国科发财〔2014〕229）、《国务院关于大力推进大众创业万众创新若干政策措施的意见》（国发〔2015〕32 号）、《中华人民共和国促进科技成果转化法》《国家科技成果转化引导基金贷款风险补偿管理暂行办法》（国科发资〔2015〕417 号）等法律、法规、规章和规范性文件。部分地区也纷纷出台了引导科技与金融结合的政策法规（见表4.2）。

表4.2 部分地区出台的典型科技金融政策法规

北京市	《关于推进首都科技金融创新发展的意见》
	《关于促进股权投资基金业发展的意见》
	《关于加快中关村示范区知识产权质押贷款工作的意见》
	《关于进一步推进企业上市工作的意见》
	《关于示范区促进融资租赁发展的意见》
	《关于促进北京市融资性担保行业规范发展的意见》
	《关于支持瞪羚重点培育企业的若干金融措施》

续表

广东省	《关于科技和金融结合促进创新创业的实施方案》 《2014 年科技、金融、产业融合创新发展重点行动》
厦门市	《厦门市加快科技创新具体行动计划（2015—2016）》 《关全面推进大众创业万众创新、创建小微企业创业创新基地示范城市的实施意见》 《厦门市科技成果转化与产业化基金暂行管理办法》 《科技与金融结合支持人才创新创业暂行办法》
江苏省	《江苏省关于加快推进金融业改革发展的意见》 《江苏省科技金融发展专项引导资金管理办法》
成都市	《关于实施创新驱动发展战略加快创新型城市建设意见》 《成都市支持企业创新能力建设若干政策》
新疆	《关于激发科研机构和科研人员创新促进科技成果转化的若干政策》

资料来源：根据各地区科技厅年度工作总结整理。

2. 金融机构

金融机构的主要产品包括直接性金融供给和间接性金融供给。直接性金融供给产品主要有资本市场的股权交易、创业风险投资等；间接性产品主要有银行科技贷款、科技保险、信托投资公司投资和基金公司投资等。

（1）科技贷款。自 1980 年建设银行浙江省分行第一次探索了科技贷款业务以来，中国工商银行、中国农业银行、中国银行、中国建设银行、科技信托公司、科技信用社等金融机构逐渐成为科技贷款发放的主体，并开发出技术开发贷款、电子计算机技术贷款、科研贷款、"军转民"技术开发贷款、"星火"计划技术开发贷款、科技成果推广贷款、"火炬"计划技术开发贷款等类别。2014 年年底，全国共设立了 200 多家科技支行，国家开发银行等发放科技贷款额度超过了 1 万亿元（不完全统计），相当于新疆 2016 年的 GDP 总量。2016 年，中国银监会联合科技部、中国人民银行颁发了《支持银行业金融机构开展科创企业投贷联动试点的指导意见》，政策性银行和商业银行不断加大产品创新，开发出如表 4.3 所示的创新性的科技金融产品。

表 4.3　部分商业银行的科技金融产品

中国建设银行	"科技智慧贷""科技助保贷""科技信用贷""诚贷通""保贷通""知贷通""订单通"
北京银行	针对初创期企业的"创业贷""见贷即保";针对成长期企业的"信用贷""智权贷""成长贷""软件贷""网速贷";针对成熟期企业的"中小企业私募债""银团贷款"等。
广发银行	"信用和股权质押回购""见贷即保"
交通银行	"智融通""科贷通"
民生银行	"投联贷+PE 增信"模式
宁波银行	"小贷险"模式

（2）股权交易是资本市场支持上市企业直接融资的主要产品。按照服务对象——企业的规模大小、盈利能力和成长性能，我国多层次资本市场可以分为一板、二板、三板和四板市场。"一板"指深市、沪市和 2004 年创设的中小板;"二板"指 2009 年推出的创业板;"三板""四板"市场指"一板""二板"（通称"主板"）外的产权交易市场，包括"代办股份转让系统""股权交易市场""产权交易市场""私募证券转让市场"等。具体说来，主要包括"老三板""新三板"和其他"准场外市场"（俗称"四板"）。中小板上市公司中，高新技术企业约占 75%，战略性新兴产业公司约占 30%;创业板上市公司中，高新技术企业约占 90%，战略性新兴产业公司约占 70%，研发强度持续保持在 5% 以上，毛利率在 35% 左右。各级市场上市公司基本业绩情况见表 4.4。

表 4.4　各级市场上市公司基本业绩情况（截至 2017 年 6 月 12 日）

板块	上市企业数/家	市值总额/亿元	总成交额/亿元	日均换手率/%	平均市盈率/%
主板	466	72 658	79 639	1.32	24.73
中小板	861	97 392	106 961	1.54	40.45
创业板	647	48 652	69 694	1.98	48.99

数据来源：http://www.szse.cn/;http://www.sse.com.cn/。

（3）创业风险资金是专业投资机构、专业投资人投入到未上市企业或科研院所、大专院校中，为促进创新项目孵化、创新成果转化或产品市场开拓等方面的权益资本，也是科技金融体系中重要的产品之一。我国创业风险投资以"中国新技术创业投资公司"成立为里程碑，始于 1985 年 9 月。随着经济全球化加速，外资的、政府背景的、民营资本的投资机构纷纷进军风险投资领域，涌现出许多成功的风投企业。截至 2015 年年底，我国共有创业风险投资机构 1775 家，其中创业风险投资基金 1311 家，投资管理机构 464 家，管理资本总额 6653.3 亿元。2005—2015 年我国创业风险投资基金机构管理资本总额情况如图 4.2 所示。

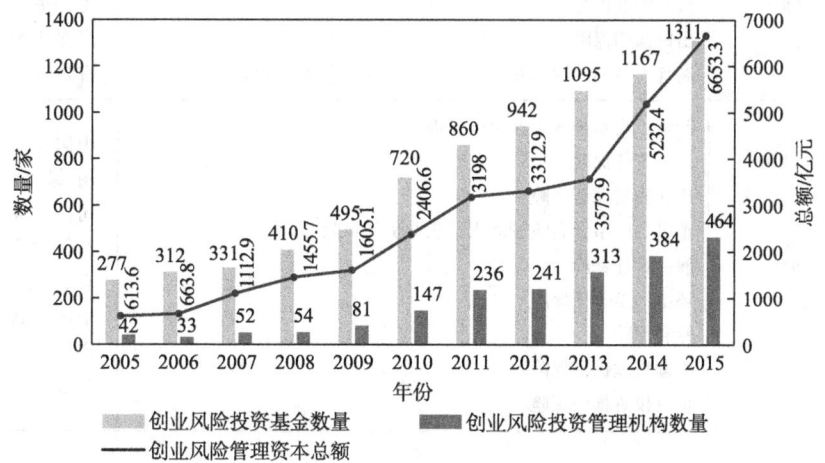

图 4.2　2005—2015 年我国创业风险投资基金/投资管理机构数量、创业风险管理资本总额情况

数据来源：中国科学技术发展战略研究院提供。

（4）科技保险是保险机构促进科技型企业研发新产品、转化科技成果、出口高新技术而提供的具有融资、保险保障功能的产品。2007 年，科技部和保监会联合发布了《关于开展科技保险创新试点工作的通知》和《关于确定第一批科技保险创新试点城市的通知》，推出了科技保险并将北京、深圳、武汉、重庆、天津和苏州国家高新区确定为第一批科技保险创新试点城市。2007—2008 年，保监会和科技部先后推出两批科技保险创新险种（见表 4.5）。截至 2016 年年底，中国人保财险公司为 5326 家科技企业提供了政策性科技保险 9500 亿元，支付赔款 2.25 亿元，在 62 个地市推广了专利保险，累计为 4450 家科技企业的 10 346 件专利提供了 93.83 亿元的风险保障金。但由于财政干预机制的缺陷，科技保险市场失灵，缺乏创新性的科技保险产品，以及创业者的风险偏好等原因，企业参与科技保险的需求并不旺盛。2013年，京津沪渝4地企业的参保比率不足5%。

表 4.5 我国科技保险险种

年份	科技保险险种	经营单位
2007	高新技术企业产品研发责任保险 关键研发设备保险 营业中断保险 出口信用保险 高管人员和关键研发人员团体健康保险和意外保险	中国出口信用保险公司；华泰财产保险股份有限公司
2008	新增：高新技术企业财产保险 产品责任保险 产品质量保证保险 董事会监事会高级管理人员职业责任保险 雇主责任保险 环境污染责任保险 专利保险 小额贷款保证保险 项目投资损失保险	中国出口信用保险公司；华泰财产保险股份有限公司；中国人民财产保险股份有限公司

3. 企业和科研院所、大专院校

科技资本是企业和科研院所、大专院校提供的，能在一定阶段的社会循环中创造价值、实现价值增值、进行自我复制的特殊商品。科技资本分为有形资本和无形资本。有形资本指新产品、新设备等；无形资本指知识产权、专有技术、技术秘密（诀窍）等。2015年，我国全时研发人员总量达到375.88万人年，居世界之首；研究与试验发展经费支出14 169.88亿元；有国家重点实验室349个、国家工程技术研究中心308个；国家级高新区130家，高新技术企业7万家，出口高新技术产品12 045.88亿美元；科技企业孵化器1600家，在孵企业超过8万家，就业人数达170多万人；申请发明专利1 101 864项，登记科技成果55 284项（见图4.3）。

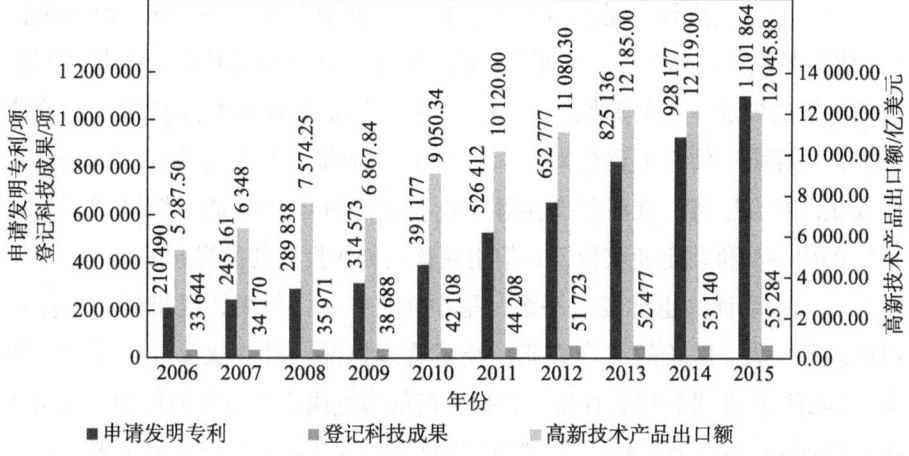

图 4.3　我国 2006—2015 年申请发明专利、登记科技成果及高新技术产品出口情况

数据来源：国家统计局网站 http://www.stats.gov.cn/tjsj/。

4. 中介组织

（1）法律、政策、财务、税收等咨询服务。律师事务所、会计师事务所、众创空间、孵化器（包括大学科技园）、加速器、生产力促进中心、券商分支机构等中介组织面向社会开展的技术扩散、成果转化、创新资源配置、创新决策、创业流程、管理和融资咨询等专业化服务。我国科技中介服务体系始于 20 世纪 70 年代末，与发达国家相比，提供上述咨询服务时，主要存在未形成有效协作网络、服务内容同质化、服务程序手段落后、从业人员素质不高、国际化程度较低等问题。

（2）科技担保。担保机构为科技型中小企业贷款时提供的政策性或商业性的中介服务。按照出资方不同，科技担保机构主要分为政策性担保机构、中小企业自发组建的互助性担保机构及由企业或个人出资组建的商业性担保机构三种类型。科技部对 27 个省（自治区、直辖市）和部分国家高新区的抽样调查显示，截至 2012 年，我国共有 200 多家科技担保机构，其中科技部门设立的有 44 家，注册资金 35.5 亿元，平均每家机构为 182 家科技企业提供过担保，每家企业平均担保额度为 248 万元，担保资金放大了 5.58 倍；高新区设立的有 70 家，注册资金 93.6 亿元，平均每家机构为 152 家科技企业提供过担保，每家企业平均担保额度为 644 万元，担保资金放大了 7.31 倍。

（3）无形资产评估是通过国家资格认定的中介组织——资产评估机构（评估师事务所）根据特定的评估目的，依据评估对象的特点，按照国家有关的政策法规及一定的原则、程序，并采用科学的评估方法和统一的价值标准，来评定和估算被评估对象（主要是无形资产）价值的一种动态化、市场化的社会服务。在科技金融体系中，无形资产评估是"轻资产、重技术"的中小型科技企业获得银行信用贷款或创业投资的前提和基础。

（4）信用评级也称资信评级，是中介组织——信用评级机构对企业或科研院所、大专院校的综合素质、经营管理情况、财务状况、债务偿还能力及其所属产业进行综合评价，以提供资信信息或决策参考的行为。信用评级可有效解决投资者与经营者之间的信息不对称，从而使资金需求者能获取资金从事生产经营活动，使资金供给者能找到适合其风险偏好的标的。1988年，上海远东资信评估公司成立，这是我国首家独立于银行系统之外的地方性评级机构。随着2005年债券市场的繁荣，信用评级才逐渐受到关注。

4.1.3 科技金融框架结构图

通过上节分析科技金融体系各主体的目标函数、产品类型与交易关系，构建出科技金融框架结构如图4.4所示。

从图4.4可以看出，科技金融体系的参与主体有政府、金融机构和社会资本构成的投资主体、企业、科研院所和大专院校、第三方及内设的中介机构。

政府的主要目标是通过促进区域创新能力来促进经济的长足发展。产品有为不同发展阶段的企业和科研院所、大专院校提供的基础研究类、技术创新类、成果转化类、平台建设类、人才扶持类资金；通过出台激励政策和负面清单，来引导投资机构向技术创新更多地投入；政府还需要培育扶持中介机构的发展。

投资机构包括风险投资机构、私募基金、银行、证券市场、保险机构等。他们的主要目标是在风险可控的情况下，将同质的资本投向异质的技术成果，以期成果转化为商品时实现投资收益的最大化。为降低和转移风险，投资机构会与政府及中介机构密切合作。主要产品有风险投资（VC）、

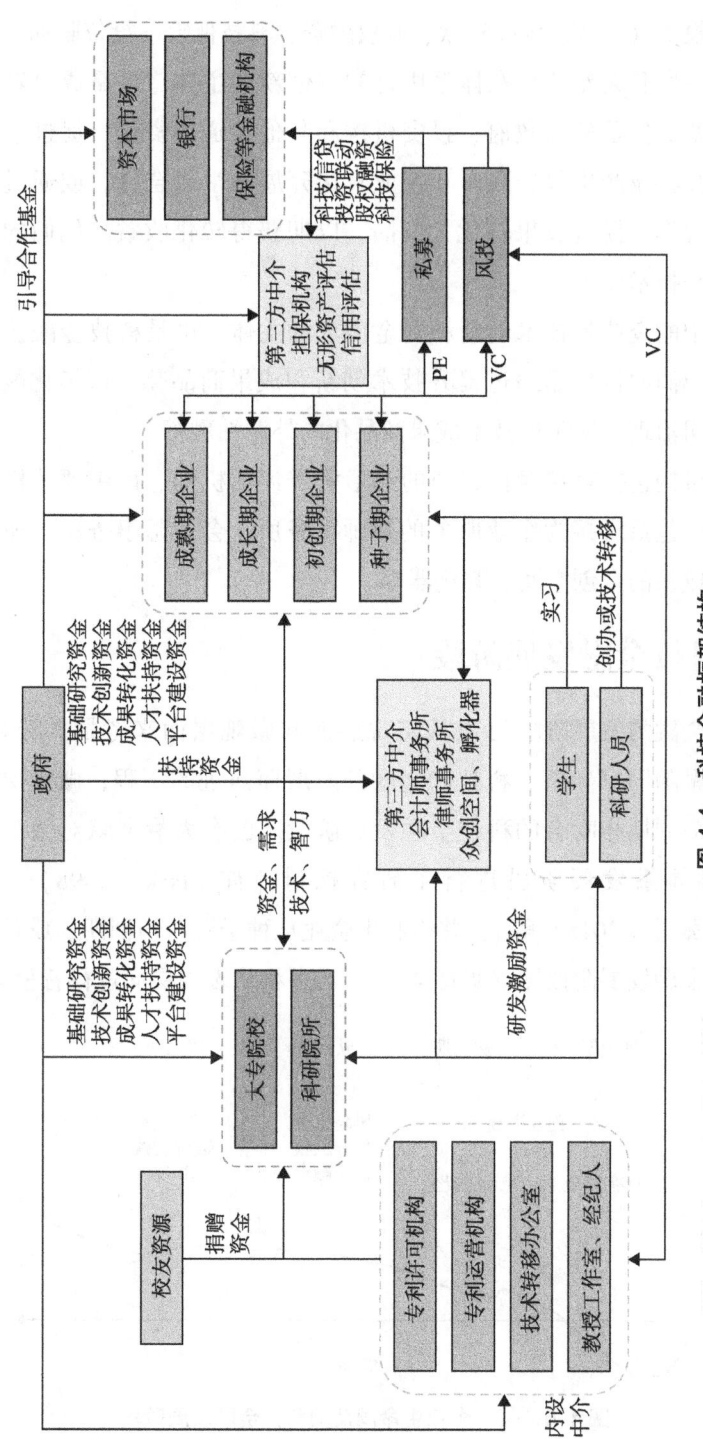

图 4.4　科技金融框架结构

私募股权投资（PE）、科技贷款、股权融资、科技保险、投贷联动等。

科研院所和大专院校在体系中是知识创新的主体，也是成果转化的主体。其主要目标是争取政府、投资机构和其他渠道的资金，促进学生和科研人员提高科技产出量，同时和企业直接开展产学研合作，或通过中介机构与企业合作，促进成果转化为商品，以期获得转化收益。他们的主要产品是智力和技术成果。

体系中的企业是技术创新和资金需求的主体，也是科技金融扶持的重点对象。他们的目标是通过提升技术创新和成果商品化、市场化能力，同时规范公司治理，来争取技术成果商品化的外源性融资。

中介机构包括直接对接银企的无形资产评估机构、信用评估机构和担保机构，也包括直接为企业服务的律师事务所、会计师事务所，还有直接孵化科研成果的众创空间、孵化器等。

4.2 科技金融发展阶段

科技金融的发展阶段可以从宏观层面和微观层面来考量。宏观层面，指科技金融随国家经济、科技和金融的发展而演进的历程；微观层面，指与企业生命周期相吻合的科技金融发展阶段。已有大量文献对微观层面的科技金融体系发展阶段进行了研究探讨［如 Black（1998）、Franklin（1991）、张诚（2015）等］，并绘制出企业从种子期、初创期、成长期到成熟期科技金融发展阶段图（见图 4.5）。本书将从宏观层面进行着重分析。

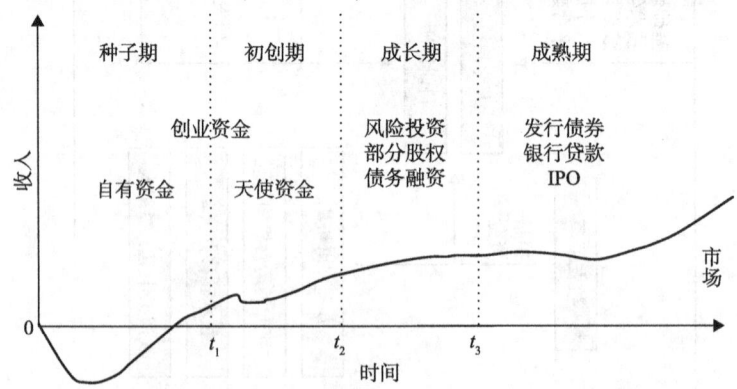

图 4.5 基于企业生命周期的科技金融发展阶段

学者们通常认为 1980 年是我国科技金融的元年，当年浙江省第一次进行了科技贷款的研究探索。以此为起点，通过考察科技金融参与主体与主要产品的发展变化及我国经济、金融和科技发展历程的变革性事件，将科技金融的发展划分为以下三个阶段（见图 4.6）。

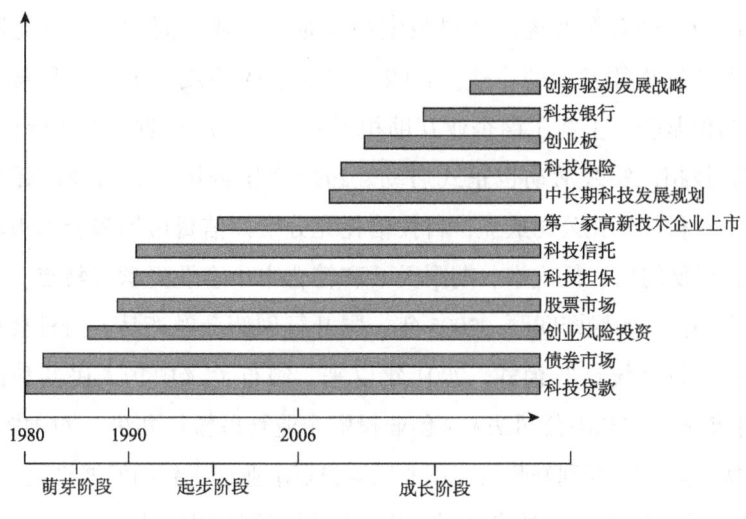

图 4.6 我国科技金融体系发展阶段

（1）萌芽阶段（1980—1989 年）：部分地方和银行开展了科技贷款的尝试。1980 年，浙江省出台了《有偿科研经费管理办法》，通过建设银行浙江分行向科研院所发放科技贷款；之后，浙江义乌市创造了科技委托贷款模式，湖南湘潭市与中国人民银行放开了商业银行对科技贷款范围的限制，湖北省襄樊市等很多地区开展了科技贷款的地方性试点。1981 年，国债恢复发行，债券市场开始启动。1984 年的金融改革，使得以往"大一统"的金融体系被逐渐打破，原先的财政主导逐步转向银行信贷配给。金融机构多元化发展，初步建立和发展起包括资金拆借市场、票据贴现市场、有价证券市场在内的金融市场，非银行金融机构和外国金融机构开始发展起来。中国工商银行成为主流"科技银行"，并于 1984 年发布了《关于科研开发和新产品试制研发贷款的暂行规定》，标志着科技贷款由试点面向全国铺开，科技贷款的规模和类别不断增长。1985 年《关于科学技术体制改革的决定》中对创业投资的引导支持，催生了我国第一家创业投资公司——中国新技术创业投资公司的成立，这也是我国创业风险投资机构起步的标志。

（2）起步阶段（1990—2005年）：随着1990年上海证券交易所和1991年深圳证券交易所的建立，资本市场得以迅速发展，为科技创新直接融资开辟了新的渠道。科技贷款在这一阶段高速发展，建设银行、农业银行、中国银行、交通银行先后出台文件，开办科技开发贷款业务，贷款的重点从科研院所、国有企业逐渐向科技型中小企业过渡。同时，金融的不断创新推动着科技贷款发展的步伐。1992年开始，先后成立了重庆私营中小企业互助担保基金、上海工商企业互助担保基金会、广东省商业担保公司等，意味着科技担保实践活动也正式启动。1992年国内第一家科技信托投资公司——武汉科技信托公司成立，科技信托充分发挥信贷市场和资本市场的双重功能，以低门槛、低成本、期限灵活和符合中小企业经营等特点，来解决科技型中小企业的融资问题。2005年，国开行创新金融产品，向科技型中小企业提供"统贷统还"模式。2004年以来，颁布了《中华人民共和国证券法》《中华人民共和国公司法》《创业投资企业管理暂行办法》《中华人民共和国合伙企业法》等利好政策，创业风险投资事业迎来新的发展机遇。

（3）成长阶段（2006年至今）：2006年《国家中长期科技发展规划纲要》颁布后，科技金融参与主体不断充实、产品类型不断创新、交易活动更加频繁。2007年第一批科技保险试点工作在北京、天津、重庆、深圳、武汉、苏州高新区启动；2009年创业板正式开盘，资本市场向多层次迈进；2012年，浦发硅谷银行作为国内第一家"科技银行"在上海开业运营；2014年，科技部与财政部成立了国家科技成果转化引导基金，通过财政资金与社会资本合作的模式引导成果转化；2015年，国务院号召的"双创""四众"，激发了小微企业的创新创业热潮和科技金融新业态、新模式的不断涌现。

4.3 科技金融发展模式驱动机制的理论与实证分析

4.3.1 理论分析

我国科技金融历经萌芽、起步和成长三个阶段，每一阶段的更替都体现了量的积累到质的飞跃。从量变到质变的过程中，政府的政策支持、金融创新的驱动、科学技术的变革、中介机构的完善和经济的长足发展是诱导科技金融体系渐进式变迁的重要因素。

1. 政府政策扶动

政府作为科技金融体系的主要主体，其政策支持是科技金融体系发展的重要推动力量，尤其是市场经济欠发达时，政府主导的经济、金融、科技等方面的改革举措与创新政策，通过揭示信息、管理风险、集中资本和治理项目等机制，对科技金融体系的发展起到了至关重要的作用。1978 年改革开放政策、1985 年《中共中央关于科技体制改革的决定》与《关于开展科技信贷的通知》，有力地推动了萌芽阶段科技信用贷款、创业风险投资及债券市场的发展；1991 年《国家高新技术产业开发区若干政策的暂行规定》明确高新区可设立风投基金和风投公司，1995 年《中共中央、国务院关于加速科技进步的决定》鼓励建立风险投资机制、发展风投事业，1996 年《中华人民共和国促进科技成果转化法》鼓励设立成果转化基金和风险基金，1999 年《中共中央、国务院关于加强技术创新，发展高科技，实现产业化的决定》对资本市场引导培育高新技术产业的发展给予支持。2003 年《中共中央关于完善社会主义市场经济体制若干问题的决定》指出要推进风险投资，加快建设创业板市场，这些政策促进了科技金融体系的起步发展。2006 年《国家中长期科技发展规划纲要》颁布后，国家陆续出台一系列政策，鼓励金融机构和民间资本向科技创新加大投入，如 2006 年财政部发布《进一步支持出口信用保险为高新技术企业提供服务的通知》、2007 年《科技部、中国保监会关于开展科技保险创新试点工作的通知》、2010 年《国务院关于鼓励和引导民间投资健康发展的若干意见》、2011 年科技部和一行三会《地方促进科技和金融结合试点方案提纲》、2013 年《国务院办公厅关于金融支持经济结构调整和转型升级的指导意见》、2014 年《国务院关于进一步促进资本市场健康发展的若干意见》、2015 年国务院关于"双创"的若干政策等。

2. 经济发展促动

在本书 2.1.1 节"经济增长理论"部分，提出有学者认为技术进步是经济增长的决定性因素。反过来，经济发展对技术创新和金融产业的发展也具有促动作用。经济总量和投资的扩大，使得科技产业对金融的需求也日益增大。金融机构因其自身的"追随客户"的特性，会在产业发达的地方加速集聚，并与科技进行耦合，形成科技金融的一体化。源于中国农村联产承包改革、邓小平南方谈话、我国加入 WTO 等重大事件的影响，我国经济总量在 1980—1989 年、1990—1995 年、1996—2011 年这几个阶段增长速度最快，同期虚拟经济特别是金融业的发展也较为迅猛。经济发展与科技金融呈现出亦步亦趋的态势。

3. 金融创新带动

金融机构对科技金融体系中的资源配置发挥着较为主动或强势的作用，金融制度创新、金融机构创新及金融产品创新是推动科技金融体系发展的重要力量。在体系发展的萌芽阶段，金融制度从单层银行体制转变为双层银行体制，中国人民银行专司中央银行职责，商业化信贷与货币发行实现了分离；金融机构实现了多元化，成立了四家专业银行，组建了一批股份制商业银行和保险、信托、证券以及信用社等非银行金融机构，向外资金融机构打开了市场准入的大门，初步形成了多层次、多形式、多功能的金融体系。在这一阶段，创新性的金融产品"科技贷款"业务在部分地区开展了试点，债券市场启动，国资股份占 63% 的第一家创业投资公司——中国新技术创业投资公司成立。在起步阶段，金融机构与产品加大了创新力度，来应变日新月异的技术创新步伐，如工商银行进行机构创新成立"科技风险开发事业中心"，国家经贸委与财政部创建成立了中国经济技术投资担保公司，首批中国高新区企业债券发行，第一家地方性科技开发风险基金在沈阳建立，上海市科委和国际数据集团创立了第一家中美合资的风投公司，新八股在中小板上市，科技部和国家开发银行对京沪渝西安四高新区进行集合贷款试点等；在成长阶段，中关村科技园区非上市股份有限公司进入证券公司代办股份转让系统试点，在京津渝等城市开展了科技保险创新试点，创业板开板、首批 28 家企业上市，总规模 600 亿元的母创母基金作为第一个国家级股权投资母基金成立，第一家科技银行（上海浦发硅谷银行）运营，全国中小企业股份转让系统做市转让方式上线等举措，使科技金融体系更加充实完善。

4. 科技创新驱动

科学技术的发展及其产业化、市场化、资本化后产生的巨大经济和社会效益影响，刺激着政府和金融机构进行适应性变革，也驱动着科技金融体系向更高阶段演进。萌芽阶段，即 20 世纪 80 年代，我国掌握了大规模集成电路制造技术，电子计算机产业进入奔跑时代，受集成电路丰厚利润的驱动，国内掀起了建设集成电路工厂的热潮，中国工商银行等金融机构对此开发出"电子计算机技术贷款"这一信贷类别。在起步阶段，特别是 90年代，我国在高新技术发展方面（尤其是人类基因、量子信息、载人航天、水利工程等）取得了世人瞩目的成就，激发了部分国家级高新技术产业开发区创办风险投资公司、设立风险投资基金、发行企业债券、扶持高科技企业上市的积极性；1999 年，中国第一家高科技企业——有研半导体材料股份有限公司上市成功。成长阶段，特别是《国家中长期科技发展规划纲要》颁布后，我国科技投入和产出呈现出高位高速增长态势，新能源、新材料、生物医药、电子信息及物联网等战略性新兴产业蓬勃发展，是最近几年"双创""四众"关注的热点，也是财政资金、银行资本、证券市场及民间资本争相投资的宠儿。

5. 中介机构

中介机构在科技金融体系中起黏合剂作用，通过联结原本不相连的节点使资源得以流通。科研院所、大专院校、企业的技术创新过程本质上是知识、信息、人力等资源重新整合和处理的过程，资源获取的有效性、完备性对技术创新成效有重要影响。通过中介机构的联结，可以缩短各节点之间的距离，增大科技金融体系各要素的紧密度；可以扩张科技金融体系的边界，增大网络的规模。同时，中介机构本身也是科技金融体系中的节点，它与体系其他主体的联结方式也会影响整体绩效。中介机构的体系化、规范化、功能高级化，推动着科技金融体系的向前发展。在萌芽阶段，1980年，在中关村建立了我国第一家民营科技中介机构——北京先进技术发展服务部；1981 年，北京市举办了区域性的科技成果交流交易会，成为技术交易活动进入市场的标志；1987 年，我国第一家孵化器——东湖创业中心在武汉成立；此时会计师事务所只是事业单位，不具备独立的法人资格。起步阶段，金融机构、创新主体和社会团体纷纷介入中介机构，科研院校先后建立了技术开发、服务与咨询机构，1992 年山东生产力促进中心被国家科委批复成立。在成长阶段，中介组织不断规范完善，创新产品与服务、运作机制与模式，更加注重与科技金融体系其他参与主体的融合。

4.3.2 实证分析

在上述理论分析与专家访谈的基础上，本节提出驱动科技金融体系发展的五维度概念模型，然后对五维度进行实证验证，具体思路如下：①在文献梳理的基础上，选择五个维度的代理变量，开发出调研问卷；②基于科学性、随机性和便利性的原则，选择问卷调查对象，收集问卷并对数据进行预处理，筛除无效问卷；③对有效数据进行信度、效度检验，对概念模型进行验证性因子分析；④得出结论，对提出的五维驱动概念模型及其代理变量进行修正。

1. 变量测量与研究方法

2.3.3节，对前人在"金融支持技术创新的影响因素"方面做了综述，学者们多从金融投入（政府科技投入、商业银行贷款、证券业、保险业金融机构及创业投资、外资直接投入等各类资本投入），地区科技水平（包括科技研发投入、科技成果运用和科技制度路径）在内的外部因素和研发人员，企业家精神等内部因素进行了理论和实证研究。寻舸、邱晓天（2015）从财政科技投入、政府科技金融服务能力建设、区域信用制度、监管体制、人才制度、金融机构垂管体制等角度分析了制度因素对科技金融区位优势的影响，并提出适当给予科技贷款灵活政策、推动科技金融服务平台建设、加强人才制度建设和区域合作等对策建议。

在理论研究、文献整理、实地走访和征求专家意见基础上，本研究提出驱动科技金融体系发展的主要外因有经济发展水平、金融发展水平、科技创新水平、中介机构发展水平和政府扶持力度五个维度。研发人员、企业家精神等内部因素通过作用于企业和科研院所技术创新能力这一外在表象而影响科技发展水平，可以作为科技发展水平这一维度的内在影响因素，因此，本书不另作讨论。

2. 代理变量选择

代理变量的选择是在文献调研的基础上，考虑到被访者对问题的直观感受，按照主题相关性、全面综合性、平衡协调性、易得可行性的原则来确定的。

（1）经济发展。邹东涛（1996）将国民生产总值（或国民收入总量）、按人口和不变价格计算的人均实际国民生产总值和人均实际国民收入、经济增速、投资率、全员劳动生产率和通货膨胀率作为衡量经济增长的指标；张晓燕（2012）则构建了涵盖 GDP、人均 GDP、GDP 增长率、财政收入、固定资产投资的指标体系；程钰（2013）等选用人均 GDP、人均社会固定资产投资额、城镇化率、城镇可支配收入、农村人均纯收入、非农产值比重等指标来测度县域经济发展水平。本书采用 3 个代理变量，即人均 GDP、GDP 增速和固定资产投资率。

（2）金融发展。美国著名经济学家戈德·史密斯提出用金融相关比率 FIR（金融资产总值与国民财富之比）来衡量金融结构与金融发展水平；张晓燕（2012）在其博士论文中，构建了由金融产业产值、金融机构数量、金融总资产规模、金融从业人员、金融机构存款、金融机构贷款、保费收入、上市公司发行筹集资额、企业债券发行额、保险密度、保险深度 11 个指标组成的衡量体系。本书采用 7 个代理变量，即金融机构数量、金融机构贷款余额、创业（风险或股权）投资机构数量、创业（风险或股权）投资机构管理资金、上市企业数量、上市企业市值、债券规模。

（3）科技创新。科技部在《中国区域创新能力监测报告》中，从创新环境、创新资源、企业创新、创新产出和创新效率五个方面，构建了由 124 个监测指标组成的体系；孙伍琴（2008）在研究金融发展促进技术的效率时，采用研发投入经费、专利数量、科技论文发表数量作为技术创新的最终效果；肖梓光等在研究科技研发、科技运用、科技制度三条路径对金融风险形成的影响时，选用专利申请数量、大中型企业研发经费、创新产品项目数、技术市场成交额来度量科技水平。本研究采用 3 个代理变量，即全社会研究与发展经费投入、有效发明专利数量、国家和自治区科技进步奖数量。

（4）中介机构发展。李文博（2011）将科技中介机构分成了技术转移型、创业支撑型和知识提供型三种类型。微观层面，叶青、姚正海（2014）用主体实力、财务水平、服务效益和未来价值来评价科技中介机构的运行绩效；曹洋（2007）等从管理体制、运行模式、业务范围、人员结构、服务手段等因素出发，研究了我国科技中介组织在国家创新系统中的功能定位。本书着眼于科技金融各主体业务相关性的角度,采用 3 个代理变量,即区域信用制度建设情况、无形资产评估机构数量和担保机构数量来衡量一个区域宏观中介机构发展水平。

(5)政府扶持。吴莹(2010)从科技金融体系的他组织特性出发,研究了政府在政策扶持、投资引导、市场体系建设和相关法律完善等方面的作用;曹颢(2011)等将财政科技拨款的力度,即财政科技拨款占财政支出的比例作为指标之一,构建了我国科技金融发展指数并进行实证研究;朱大伟(2012)基于科技金融视角,对我国财政科技支出的规模与结构进行了探讨;苑泽明(2015)等将科技金融政策视为政府配置科技金融资源不可或缺的重要条件,并从科技金融政策体系、财税政策、市场政策三个层面梳理了政策的科学性和实施效果。本研究采用 2 个代理变量,即政府财政科技投入和政策体系建设。

各代理变量的含义详见表 4.6。

表 4.6 驱动科技金融体系发展的五维因素及其代理变量与含义

维度	代理变量	含义	代码
经济发展	人均 GDP	GDP 总额与总人口之比	E1
	GDP 增速	按可比价格核算的新疆 GDP 的年度增长率	E2
	固定资产投资率	某年度全社会固定资产投资总额与 GDP 之比	E3
金融发展	金融机构数量	从事金融服务业的金融中介机构的数量	F1
	金融机构贷款余额	银行业金融机构期末贷款余额	F2
	创业(风险或股权)投资机构数量	创业投资机构、风险投资机构和股权投资机构的数量之和	F3
	创业(风险或股权)投资机构管理资金	创业投资机构、风险投资机构和股权投资机构管理资金额度的总和	F4
	上市企业数量	在主板、中小板、创业板上市企业数量之和	F5
	上市企业市值	在主板、中小板、创业板上市企业市值之和	F6
	债券规模	政府、金融机构和工商企业发行的各类债券数量之和	F7
科技创新	全社会研究与发展经费投入	区域内全社会(包括政府、企业、金融机构等)用于研究与发展的经费投入	S1
	有效发明专利数量	区域内有效发明专利的数量	S2
	国家和自治区科技进步奖数量	区域内获得国家科技进步奖和自治区科技进步奖的数量之和	S3

维度	代理变量	含义	代码
中介机构发展	区域信用制度建设情况	在约束信用行为与信用关系方面出台的法律法规和规章制度	M1
	无形资产评估机构数量	评估专利、著作权、商标、专有技术、土地使用权、特许权及商誉等无形资产的机构数量	M2
	担保机构数量	担保公司的数量	M3
政府扶持	政府财政科技投入	各级财政收入中用于科技的支出	G1
	政策体系建设	各级政府和金融机构出台的扶持科技金融的政策集合，包括财政补贴政策、税收政策、风险投资政策及其他科技金融市场政策等	G2

3. 量表开发

采用五点式 Likert 量表，列出 18 个代理变量，请被访者根据自己的主观感受，在"非常重要""重要""一般""不重要""非常不重要"答案中做出唯一选择，以判别 18 个二级变量的重要程度。对"非常重要"到"非常不重要"的选项，依次赋值 5~1 分。问卷通过问卷星发放给银行、发展和改革委员会、经济和信息化委员会、中介、企业、大专院校与科研院所等机构的人员。据约翰逊等学者研究，信度效度调查样本数量必须达到 100份以上。本次问卷共收回 179 份，其中有效问卷 171 份，有效率为 95.5%。

4. 信度效度分析

为测量问卷结果的一致性、稳定性和再现性，需要对五个维度二级指标所包含的条目进行内部一致性检验和总体相关性检验，即信度和效度检验。

信度（Reliability）即可靠性，它是指采用相同方法对同一对象反复测量后所得到结果的稳定性、一贯性和可靠性程度。信度分析方法主要有重测信度法、复本信度法、折半信度法和 Cronbach's α 信度系数法四种。Cronbach's α 信度系数是目前分析量表和问卷最常用的信度系数，用来检验内部一致性。其公式为

$$\alpha = [k/(k-1)] \times [1 - (\sum S_i^2)/ST^2] \qquad (4-1)$$

其中，k 表示量表中答题的题项总数，S_i^2 表示第 i 项问题得分的方差，ST^2表示全部问题总得分的方差。总量表的信度系数最好在 0.7 以上可以接受；

分量表的信度系数最好在 0.6 以上可以接受。

效度（Validity）即有效性，它是指测量结果与预期目标之间的近似程度，一般分为内容效度和结构效度。其中结构效度可客观考察结果的数据结构是否符合问卷设计，结构效度常用因子分析方法评价。因子分析法根据理论依据和适用条件的不同，分为探索性因子分析（EFA）和验证性因子分析（CFA）。CFA 的理论和方法是瑞典统计学家 1969 年首先提出的。基本思想是：研究者根据既有理论知识和现实状况，提出一套理论假设，之后用数据对该理论假设进行验证。根据学者（Schumacker，2004）的论述，符合以下条件说明模型拟合度较好：（1）$X^2/df<3$；（2）RMSEA（近似误差均方根）<0.08；（3）GFI（拟合优度指数）$\geqslant0.9$，AGFI（调整的拟合优度指数）$\geqslant0.8$。

本章将用 SPSS 软件对数据进行处理，用 Cronbach's α 系数来测量信度，并用 AMOS 软件作验证性因子分析，以此测度效度。

（1）信度检验结果。

用 SPSS 20.0 对数据进行处理，检验结果见表 4.7。Cronbach's α 系数为 0.762，接近 1，问卷内部一致性较强，通过检验，结果具有可靠性。分项统计结果见表 4.8。

表 4.7　信度检验结果

Cronbach's α 系数	基于标准化项的 Cronbach's α 系数	代理变量数量
0.762	0.763	18

表 4.8　分项统计结果

分项	均值	标准差	样本数量
人均 GDP	4.13	0.911	171
GDP 增速	3.99	0.884	171
固定资产投资率	3.90	0.943	171
金融机构数量	3.85	1.029	171
金融机构贷款余额	4.08	0.736	171
创业投资机构数量	4.17	0.888	171
创业投资机构管理资金额度	4.27	0.775	171
上市企业的数量	3.79	1.013	171

续表

分项	均值	标准差	样本数量
上市企业市值	3.96	1.011	171
债券规模	3.98	0.747	171
全社会研究与发展经费投入	4.47	0.785	171
国家有效发明专利数量	4.55	0.687	171
国家和自治区科技进步奖数量	4.05	0.941	171
区域信用制度建设情况	4.56	0.585	171
无形资产评估机构数量	3.77	0.984	171
担保机构数量	3.82	0.931	171
财政科技投入	4.56	0.728	171
政策体系建设	4.71	0.491	171

（2）效度检验结果。

用 Amos 软件，验证图 4.7 的结构，结果如图 4.8 所示。

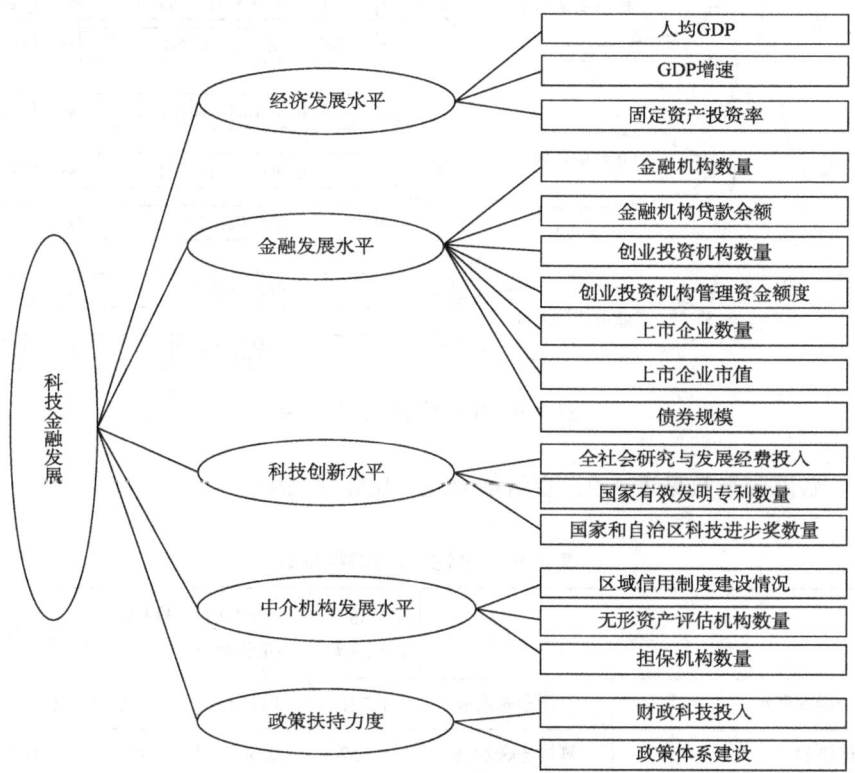

图 4.7　科技金融体系驱动机制五维模型

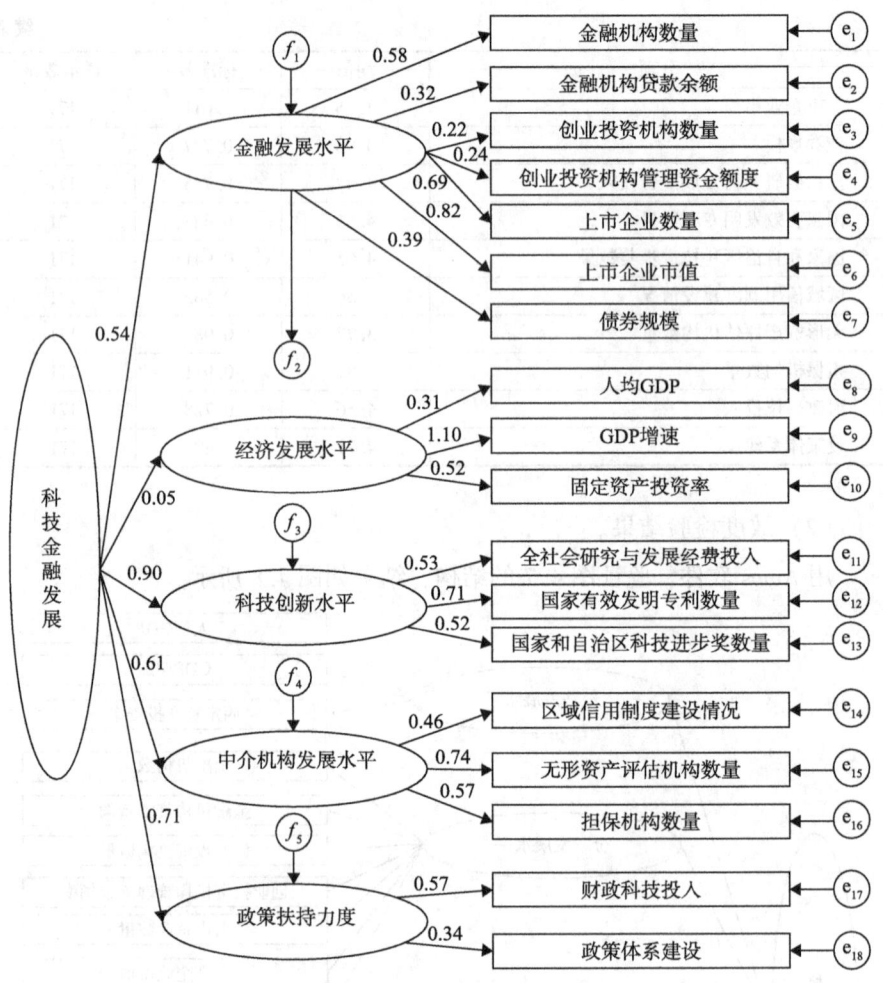

图4.8 验证性因子分析结果

各路径系数见表4.9，变量都通过了显著性检验。

表4.9 路径关系与路径系数

路径关系			非标准化回归系数	估计参数的标准误差	检验统计量	显著性
金融发展水平	←	科技金融发展	1.771	0.734	2.415	0.016
经济发展水平	←	科技金融发展	1.157	0.545	2.120	0.034
科技创新水平	←	科技金融发展	1.642	0.625	2.627	0.009

路径关系			非标准化回归系数	估计参数的标准误差	检验统计量	显著性
中介机构发展水平	←	科技金融发展	0.999	0.401	2.491	0.013
政策扶持力度	←	科技金融发展	1.000			
金融机构数量	←	金融发展水平	1.112	0.339	3.283	0.001
金融机构贷款余额	←	金融发展水平	0.051	0.089	0.569	0.569
创业投资机构数量	←	金融发展水平	1.235	0.379	3.260	0.001
创业投资机构管理资金额度	←	金融发展水平	0.558	0.182	3.064	0.002
上市企业的数量	←	金融发展水平	1.000			
上市企业市值	←	金融发展水平	1.000			
人均 GDP	←	经济发展水平	0.392	0.112	3.490	＊＊＊
GDP 增速	←	经济发展水平	0.330	0.123	2.695	0.007
固定资产投资率	←	经济发展水平	0.308	0.110	2.813	0.005
国家有效发明专利数量	←	科技创新水平	1.169	0.224	5.222	＊＊＊
国家和自治区科技进步奖数量	←	科技创新水平	1.343	0.262	5.135	＊＊＊
区域信用制度建设情况	←	中介机构发展水平	1.000			
无形资产评估机构数量	←	中介机构发展水平	3.428	2.537	1.351	0.177
担保机构数量	←	中介机构发展水平	0.967	0.289	3.347	＊＊＊
财政科技投入	←	政策扶持力度	1.202	0.232	5.173	＊＊＊
政策体系建设	←	政策扶持力度	1.223	0.254	4.812	＊＊＊
全社会研究与发展经费投入	←	科技创新水平	1.000			
债券规模	←	金融发展水平	2.701	0.594	4.544	＊＊＊

注：＊＊＊表示显著性数值非常低。

　　表4.10为模型拟合指数，从表4.10可以看出，模型整体拟合程度较好，科技金融体系驱动机制概念模型通过了验证。

表4.10　模型拟合指数

模型	模型估计参数个数	卡方值	自由度	显著性	卡方与自由度之比	拟合残差	拟合优度指数	调整的拟合优度指数	比较拟合指数	赤池信息准则	近似误差的均方根
假设模型	57	173.534	114	0.000	1.522	0.064	0.902	0.853	0.902	287.534	0.055
独立模型	18	757.521	153	0.000	4.951	0.143	0.599	0.552	0.000	793.521	0.152

4.4　小结

　　本章分析了我国科技金融体系的构成要素，主要包括政府、金融机构、企业、科研院所与大专院校、中介组织等主体，提出这些主体在体系中的目标函数和约束机制；分析了财政科技投入、政策法规、科技贷款、股权交易、创业风险资金、科技保险、科技资本、咨询服务、科技担保、无形资产评估、信用评级等科技金融产品及其适用匹配，在此基础上，绘制出由科技金融主体、科技金融产品及交易关系组成的科技金融体系框架结构。依据我国经济、金融和科技发展历程的变革性事件，将我国科技金融体系的发展划分为萌芽、起步、成长三个阶段，分析了三阶段的发展特征；提出由五维度（包括经济发展、金融发展、科技创新、政策扶持和中介机构发展）18个代理变量构成的科技金融体系发展驱动机制概念模型，运用结构方程模型对其进行验证性因子分析，结果显示模型拟合度较好，通过验证。

第 5 章

新疆科技金融发展模式现状分析

新疆科技金融在尚未形成体系之前，技术进步所需资金的供给方一直是"各自为政"，分别通过自己擅长的路径与企业、科研院所大专院校进行交易、实现目标函数，政府和金融机构几乎没有联系。在国家有关科技金融政策的引导和先进省市科技金融模式的示范带动下，以 2000 年新疆科技厅与财政厅联合下发《新疆维吾尔自治区技术创新基金管理办法》，明确可以资本金注入的方式支持科技型中小企业，新疆的科技部门开始转变财政支出方式，积极寻求与金融机构、金融市场的横向联系与合作，逐渐形成目前尚不成熟的科技金融体系和"5+4+2"模式。

5.1 新疆科技金融体系的资源禀赋

5.1.1 科技资源

新疆属于科技资源相对匮乏的地区，2013 年，自治区党委、自治区人民政府出台《关于实施创新驱动发展战略加快创新型新疆建设的意见》，提出要充分发挥科技创新在建设"丝绸之路经济带"中的支撑引领作用。在这一目标的驱动下，新疆自主创新能力显著增强，2015 年，新疆全社会研究与试验发展（研发）经费支出 52 亿元，研究与开发机构 109 个，高等学校 39 所，科技活动人员 7 万多人，中国工程院院士 7 名，科技特派员 7885 名；国家高新技术产业开发区 2 个，国家农业科技园区 7 个，国家高新技术及火炬特色产业化基地 9 个，创新型企业（含试点）12 个，高新技术企业达 424 家；国家重点实验室 1 个、自治区级重点实验室 53 个，国家工程技术研究中心 5 个，国家级众创空间 4 家，国家科技企业孵化器 7 家，国家大学科技园 1 家，国家国际科技合作基地 10 家，国家级示范生产力促进中心 9 个；专利申请 12 250 件，其中发明专利 3024 件。

5.1.2　财政资源

2000 年开始，自治区科技管理部门牵头尝试科技与金融的结合，以转变财政科技支出方式为突破口，出台了若干政策办法。自治区科技厅与财政厅在 2000 年联合下发了《新疆维吾尔自治区技术创新基金管理办法》（试行），明确将部分财政资金以资本金注入的方式支持有较大创新潜力和市场潜力的科技型中小企业；2004 年自治区人民政府发布了《自治区关于促进科技风险投资若干规定》和《自治区科技风险投资（创业投资）基金管理办法（试行）》，设立了科技风险投资专项资金，并启动了自治区科技型中小企业创新基金股权投入试点；2013 年，自治区科技厅、经信委与中国人民银行乌鲁木齐中心支行共同颁发了《关于金融支持新疆科技创新发展的意见》，明确提出对国家和自治区重大科技项目、对拥有自主知识产权的科技成果和中小型科技企业，加大资金扶持力度；目前，自治区科技厅与财政厅正准备出台《自治区科技成果转化引导基金管理办法》，以期发挥财政资金"四两拨千斤"、撬动社会资本、更好地促进科技成果产业化的作用。

在自治区各级财政捉襟见肘的情况下，基本上能够拿出 1% 左右的财政支出用于科技事业发展。2015 年，全疆各级财政科技支出 41.6 亿元，其中自治区本级财政科技支出为 10.2 亿元，地州市县级财政科技支出为 31.4 亿元。自治区财政主要通过无偿资助形式，以重大科技专项、高技术研究发展计划、科技支撑计划、"星火"计划、"火炬"计划、科技援疆、国际科技合作、成果转化专项资金、科技兴新等计划项目为载体支持企业和科研院所、大专院校的技术开发、成果转化。各地州市科技管理部门也都通过大同小异的科技计划，因地制宜地支持本区域创新能力提升。

5.1.3　金融资源

截至 2015 年年底，新疆有金融机构 3773 家（包括银行、外资银行和非银金融机构）；有证券公司子公司 2 家、分公司 15 家、营业部 77 家；有期货公司 2 家、分公司 1 家、营业部 9 家；有保险公司法人机构 1 家，省级分公司 29 家，地市级及以下分支机构 1752 家；有 360 家小额贷款公司，形成了以银行、保险、证券为主体，信托、小贷、租赁、融资担保等银行和非银机构相互依存、互为补充的金融体系。

2015 年年末，新疆本外币各项存款余额 1.78 万亿元、贷款余额 1.37 万亿元，银行业存贷比为 76.6%，其中小微企业的贷款余额为 1605.2 亿元；在 A 股上市的公司有 43 家（其中 A+H 股上市公司 1 家），H 股上市公司 7 家，新三板挂牌公司 63 家（包括新疆建设兵团 7 家），实现直接融资 395.9 亿元；在新疆股权交易中心（四板市场）挂牌企业 552 家。股权投资类企业 1374 家，累计实现税收 92.63 亿元；私募基金管理机构 161 家。保险业总资产达到 742.98 亿元，保费规模达到 367.43 亿元，承担的风险保障和责任限额达到 11.53 万亿元。小贷公司注册资本金总计 246.79 亿元，贷款余额 246.09 亿元，其中小微企业的贷款余额 99.68 亿元。融资性担保公司注册资本金总计 133.98 亿元，担保责任余额 191.85 亿元，其中，小微企业的担保责任余额为 134.58 亿元。利用债券市场发行债券的科技型企业有 12 家，融资总额 93.9 亿元。经自治区金融办备案的股权投资类企业 1352 家，注册资本总计 629.1 亿元，持有市值共计 1732.55 亿元。

5.1.4　中介机构资源

新疆科技金融中介机构主要以生产力促进中心、众创空间、孵化器、律师事务所、专利代办机构等业态存在。截至 2016 年年底，新疆备案的生产力促进中心共有 85 家，在战略咨询、企业培训及技术转移、成果孵化等方面为企业提供专业化服务；备案有自治区众创空间 16 家，设立创业投资种子基金 1600 余万元，孵化创业团队近 300 个，在孵初创企业 300 余家，创业辅导培训累计逾万人；科技企业孵化器 16 家，自有种子资金或孵化资金额累计 8500 万元。孵化面积 35 万平方米，在孵企业 1128 家，累计毕业企业 294 家；此外，还有 3 家星创天地通过备案。截至 2015 年年底，新疆共有 430 个律师事务所，有专职、兼职律师 4272 人；有 6 家知识产权代办机构，3 家内地知识产权代办机构在新疆办理了分支机构，为企业提供专利信息服务、专利代理与法律服务、专利运用转化服务、专利咨询服务培训服务、专利申请代办及许可备案登记服务。有 170 家融资性担保公司（其中国有 93 家，民营 77 家），为企业提供贷款担保、票据承兑担保、贸易融资担保、项目融资担保、信用证担保及与担保业务相关的融资咨询、财务顾问等中介服务。2016 年新疆主要专利代理机构代理情况如图 5.1 所示。

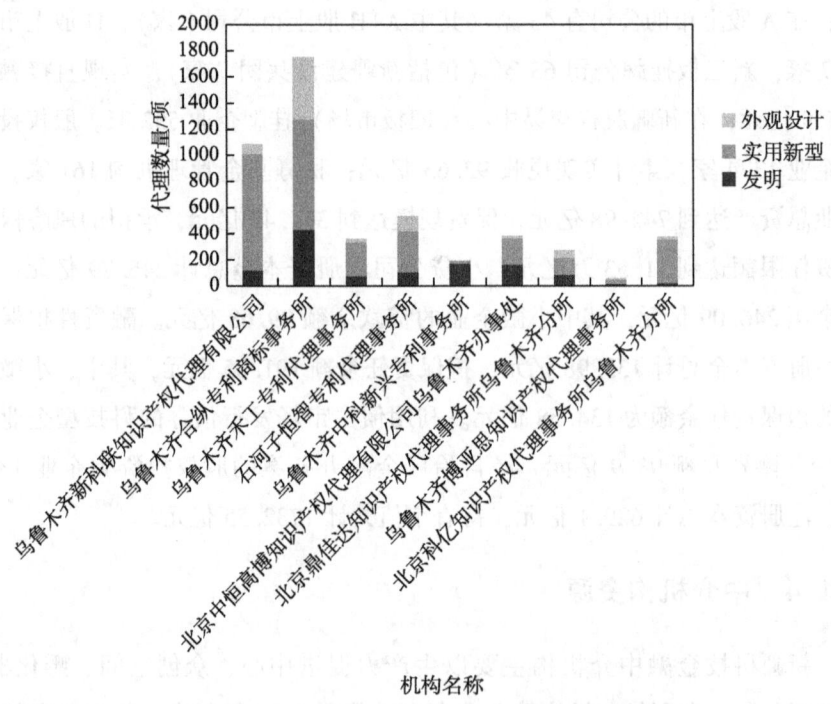

图 5.1　2016 年新疆主要专利代理机构代理情况

资料来源：新疆维吾尔自治区知识产权局提供。

5.2　新疆科技金融发展模式与典型案例分析

5.2.1　新疆科技金融发展的"5+4+2"模式

1. 财政出资引导成立 5 支"基金"

（1）中小企业创新基金：2000 年成立的，通过企业技术创新和环境平台建设两类项目通道，以无偿资助、贴息贷款、投入资本金等方式，对科技型中小企业创新创业给予支持的政府专项基金。2000—2015 年，自治区创新基金从最初的 500 万元/年增长至 4400 万元/年，累计投入 2.73 亿元，扶持企业近万家次。

（2）科技风险投资专项资金：2008 年，自治区科技厅出资 1000 万元，正式启动了科技风险投资专项资金。截至 2015 年年底，以股权投资形式支持了 16 家科技型中小企业，累计投资金额 1015 万元，拉动企业和社会投入3 亿元。扶持的企业中，在创业板上市的有 1 家、新三板挂牌的有 4 家。

（3）中科援疆创新创业基金：2015 年由科技部和新疆人民政府共同发起，由全国 19 个对口援疆省市、新疆部分县（市、区）和有关单位自愿参加，以货币、股权、资产或土地入股四种方式出资建立的社会化、专业化管理的基金。首期 16 家单位共同出资 5 亿元，对 5 家科技型企业完成投资5660 万元。

（4）联合自然科学基金：为解决基础研究资金匮乏问题，从 2014 年开始，自治区科技厅先后与新疆医科大学、新疆大学、伊犁师范学院、喀什地区第二人民医院等 8 家科研院所、大专院校设立联合基金。截至 2015 年年底，自治区科技厅出资 700 万元，筹集社会资金 2181 万元，将自治区自然科学基金项目的资助率比以往提高了 10 个百分点。

（5）新疆科技成果转化投资引导基金：2016 年正式启动，自治区科技厅安排资金 6000 万元，以设立创业投资子基金、科技贷款风险补偿和绩效奖励等方式，重点支持在自治区实施的科技成果转化。

除此之外，克拉玛依市设立了"昆仑卓越基金"，首期到位资金 2220万元，主要扶持石油化工、精细化工领域的科技企业，2017 年向克拉玛依先能科创重油开发有限公司、克拉玛依华澳特种油品技术开发有限公司分别投资 1200 万元、360 万元。

2. 建立 4 家科技支行

石河子市 2017 年 4 月将中国银行石河子分行、石河子国民村镇银行、乌鲁木齐银行石河子市分行认定为科技支行，来解决中小科技型企业融资问题，促进高新技术产业发展和科技成果转化。这三家银行 2016 年共计为企业提供了 10.484 亿元的科技成果转化贷款，中国银行石河子分行还与师市科技局签订了"大学生小额贷款"协议。北京银行在乌鲁木齐经济技术开发区建立了科技支行，依托独具特色的"智权贷""组合贷""订单贷""创意贷""小微贷""软件贷"等信贷金融产品体系，在科技、文化、绿色农业等领域开展系列投融资服务。作为全国首批投贷联动试点银行之一，北京银行科技支行通过联动政府、机构、企业等多方资源，拟搭建一个债权融资和股权投资的联动平台，助推创新创业企业发展。

3. 建立 2 套机制：银政合作机制和推动企业上市机制

（1）银政合作机制：按照"科技厅组织推动，商业银行独立评审，围绕重点领域，创新合作机制，执行市场化操作"的原则，2015 年，自治区科技厅与招商银行乌鲁木齐分行、兴业银行乌鲁木齐分行分别签订科技与金融合作框架协议，共同扶持新疆科技企业的健康快速发展。科技厅负责向银行推荐优质的有潜力的科技型企业和高新技术企业，银行则充分发挥网络、网点、系统和人员优势，为这些企业提供高效、快捷、优质的金融服务，每年给予企业不低于 3 亿元的信贷支持。同时，银行为满足新兴产业发展的需要，积极开展金融服务和金融产品创新，针对科技型小微企业推出"易速贷""交易贷""连连贷"等产品。截至 2016 年 9 月，招商银行向 7 家高新技术企业授信，合计金额 1.31 亿元；兴业银行向 10 家高企授信 1.02 亿元。新疆的知识产权质押融资工作在 2009 年开始启动，截至 2012 年底，通过建立知识产权评估、质押担保、银行融资服务模式，已为 10 家企业提供专利质押贷款 3450 万元。

（2）推动企业上市机制：成立了自治区企业上市推进领导小组，于 2010 年实施"百家重点成长性企业"培育工程，向多层次资本市场输出一批优质企业。截至 2015 年年末，在 14 个地州市、16 个重点行业中共筛选出 8 批 272 家企业，其中在主板、中小板、创业板上市的分别有 5 家、4 家、3 家，在新三板、新疆股权交易中心挂牌的分别有 61 家、64 家。自治区人民政府、新疆生产建设兵团与中国证监会于 2017 年 1 月签订了战略合作协议，商定新疆企业首发上市、新三板挂牌享受"即报即审、审过即发"的绿色通道政策。新天然气、德新交运、立昂技术、熙菱信息、贝肯能源等 5 家在证监会排队的企业因此受惠，得以优先安排上市交易。

5.2.2　典型案例

1. 区县

A 国家级经济技术开发区成立于 1994 年，兼具国家级出口加工区、综合保税区、兵地合作区功能，也是国家级知识产权示范园区、国家级创新人才培养示范基地、国家级电子商务示范基地，是新疆经济发展较好、科技与金融资源相对集中的地区。园区内有企业 1 万余家，2016 年新注册企业增长率达到 74.8%。针对银企信息不对称、银行信用评级体系不统一、担保制度不完善等原因造成的园区内科技型企业和小微企业融资难的问题，开发区围绕"丝绸之路经济带创新驱动发展试验区"打造科技金融平台的重要任务，通过引导金融机构汇聚、组建基金、搭建平台、建设统一的信用体系等举措，为新疆科技金融工作先行先试做出了典范。

（1）加速推进金融资源集聚。开发区目前有各类股权投资机构 320 家，保险类金融企业 14 家，证券类金融企业 4 家，基金类金融企业 6 家，银行类金融机构 20 家。已建成的互联网金融中心，现入驻金融机构 32 家，其中互联网金融及相关机构 15 家，担保小贷、互联网保险等其他机构 17 家。互联网金融平台累计交易量突破 30 亿元，占全疆的 90%，服务企业达到 2000 余家。"十二五"期间，区内企业贷款总额达 64.52 亿元，年均增长率190%。为进一步吸引各类金融机构，开发区拟投资 83.2 亿元，建设总建筑面积达 94 万平方米的国际金融城，通过中亚五国金融投资服务中心、新疆证券交易运营中心、人民币跨境贸易结算中心、金融数据处理中心、保险服务中心、亚心互联网金融服务管理中心等载体，为区内外科技企业提供融资、保险等服务。

(2) 开发区政府每年拟出资 1.8 亿元,引导普通合伙人共同设立总规模 8 亿元的科技创新投资基金、产业发展基金、服务类引导基金及企业增信基金。目前,已启动设立企业增信基金的前期工作,鼓励银行积极向驻区中小微企业提供贷款支持,在银行向符合条件的驻区企业发放贷款的同时,增信基金同步向该行存入与贷款额度约定比例的存款。筹划与新疆乾方鼎圣股权投资管理合伙企业共同发起设立企业转贷互助基金,审核通过后由基金管理公司拨付资金至申请企业,企业先行还贷,待银行为企业完成续贷业务后,企业归还来自基金中的借款资金以此延长还贷时间减轻企业还贷压力。

(3) 搭建“政银企”平台,推动“助保贷”业务。开发区政府出资1000 万元,与建设银行合作开展“助保贷”业务,撬动建设银行 1 亿元,累计支持驻区企业 4 家,合计发放“助保贷”贷款 5200 万元。举办“政银企”对接大会,2016 年,开发区举办了 2 次“政银企”对接大会,参会企业突破 300 家,参会银行 25 家,加强了银行与企业的沟通和交流。

(4) 发挥国有担保公司融资担保功能,启动信用体系示范区建设。2008 年成立了两家国有担保公司,总注册资金 4.5 亿元,为驻区企业提升贷款增信。截至 2016 年 7 月,累计为 300 家企业提供 900 余笔、金额近 50亿元的融资担保服务,计提风险准备金 5000 余万元。为解决中小企业在各家银行征信不统一、需准备不同材料接受多次评级的问题,开发区正着手信用体系示范区建设,以期建成政府主导的、满足各银行要求的统一信用评级体系,来简化企业信贷手续,提振贷款信心。

2. 高新技术企业

(1) 企业概况。

B 公司成立了 2003 年,主要从事市政给水排水工程、工业给水排水工程、农村改水、智能水务、大数据技术服务、建筑户内节排水、水质监测及固体废弃物处理,是集系统设计、技术开发、生产、销售、安装调试、运营、投资于一体的高新技术企业,同时承接 EPC、BT、BOT、PPP 模式项目。2015 年 6 月,该公司成为西北五省环保行业第一家在“新三板”挂牌的企业。目前,公司处于创业板上市辅导期。2016 年公司销售收入

9429.18 万元，利润总额 573.04 万元，研发投入 477 万元（其中来自政府资金 225.5 万元、自筹 251.5 万元），企业 2016 年度主要财务数据见表 5.1。

表 5.1 企业 2016 年度主要财务数据

项目	金额/元	项目	金额/元
营业利润	3 481 094.42	扣除非经常性损益的净利润	647 718.57
利润总额	5 730 401.48	经营活动产生的现金流量净额	−25 683 605.51
净利润	2 517 814.21		

数据来源：根据该公司 2016 年度财务报表整理。

（2）企业融资状况分析。

通过整理企业近三年企业财务报表，可以看出企业融资的主要渠道为内源融资、股权融资、债权融资和政府财政拨款。其中内源融资是企业将留存收益和折旧转化为投资的过程；债权融资是企业通过担保公司的担保或资产抵押，从银行融到的信用贷款，包括中长期贷款和短期信贷；股权融资是企业通过新三板采取定向增发的形式进行融资，2016 年上半年完成资产重组、定向增发融资 1.35 亿元，其中中泰化学注资 5300 万元，成为第二大股东；中科援疆创新创业基金注资 1060 万元，成为第三大股东；政府拨款主要是自治区科技厅、环保厅、经信委等部门无偿资助的项目经费。各种融资情况详见表 5.2~表 5.5。

表 5.2 公司内源融资表

项目	2014 年	2015 年	2016 年
折旧资金/元	1 146 707.63	724 642.56	806 507.26
留存资金/元	26 479 445.91	27 316 028.44	30 204 111.44
内源融资总额/元	27 626 153.50	28 040 671.00	31 010 618.70

数据来源：根据该公司 2014—2016 年度财务报表整理。

表 5.3 公司股权融资状况

项目	2014 年	2015 年	2016 年
有限售条件的股份数量	0	79 200 000	51 320 000
已解除限售的股份数量	0	10 200 000	58 080 000
股份总数	0	89 400 000	109 400 000

数据来源：根据该公司 2014—2016 年度财务报表整理。

表 5.4 公司债权融资状况

项目	2014 年	2015 年	2016 年
短期贷款/元	7 000 000	24 000 000	10 000 000
长期贷款/元	8 000 000	1 200 000	2 255 000
贷款总额/元	15 000 000	24 000 000	10 000 000

数据来源：根据该公司 2014—2016 年度财务报表整理。

表 5.5 公司获得财政补助状况 （单位：元）

年份	2014 年	2015 年	2016 年
财政补助	1 200 000	1 200 000	2 255 000

数据来源：根据企业 2014—2016 年财务报表整理。

（3）结论。

公司融资结构分析见表 5.6。

表 5.6 公司融资结构分析

项目	2014 年		2015 年		2016 年	
	金额/元	比例/%	金额/元	比例/%	金额/元	比例/%
内源融资	27 626 153.5	63.0	28 040 671.0	19.7	31 010 618.7	20.3
债权融资	15 000 000.0	34.3	24 000 000.0	16.8	10 000 000.0	6.5
股权融资	0.0	0.0	89 400 000.0	62.7	109 400 000.0	71.7
财政补助	1 200 000.0	2.7	1 200 000.0	0.8	2 255 000.0	1.5
合计	43 826 153.5	100.0	142 640 671.0	100.0	152 665 619.0	100.0

数据来源：根据企业 2014—2016 年财务报表整理。

企业融资变化趋势如图 5.2 所示。2014 年企业主要依靠内源融资和银行贷款进行技术研发和扩大再生产，其中内源融资比率占 63%，可见公司利润率较高，留存宽裕，自我积累能力较强（在西方发达国家，中小型高新技术企业的内源融资一般占融资总额的一半以上，美国可以达到 80%）；债权融资（银行贷款）的比率占 34%，其中短期贷款数量大，造成企业偿债压力较大。2015—2016 年，内源融资和债权融资（银行贷款）比率均大幅下降，是因为企业通过新三板这一平台进行定向增发，使股权融资一跃成为企业融资的主要来源，比率高达 60% ~ 70%。财政资助额度一直不大，比率仅占 3% 以内，但公司董事长认为，"有了政府的支持，企业在银行、资本市场融资时相对容易些"。

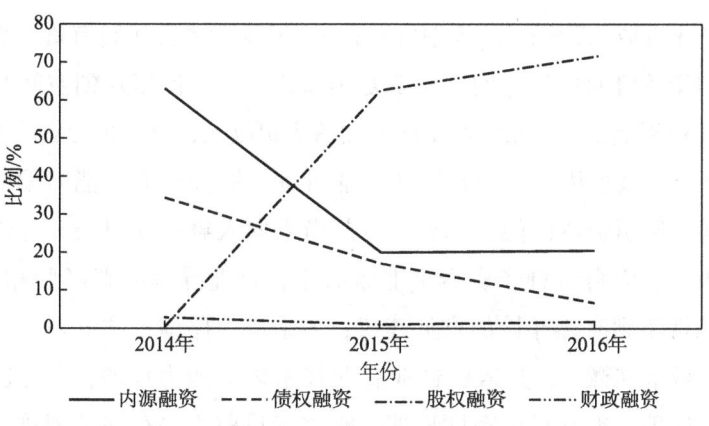

图 5.2　企业融资变化趋势

3. 创业孵化器

（1）孵化器概况。

C 孵化器是成立于 2015 年的一家民营科技企业孵化器，总面积 6300 平方米，主要针对绿色建筑、电子商务、科技文创、健康产业等领域的种子期、初创期企业进行孵化培育。该孵化器除提供低成本、便利化办公空间和交流互动社交平台之外，还融合国家级专家库盘古智库、和君商学院等优质资源，为入孵企业提供线上、线下培训。目前入驻企业 154 家，解决就业 379 人。累计孵化企业 203 家，其中孵化成功 30 家企业，19 家企业注销。孵化器自有种子资金 300 万元，已向 4 家入孵企业投资 56 万元。

（2）资金来源。

2016 年 C 孵化器资金来源构成见表 5.7。

表 5.7　2016 年 C 孵化器资金来源构成

数据	自有资金	财政拨款	银行贷款	风险投资	其他
资金/万元	300	275	0	0	105
占比/%	44.4	40.4	0	0	15.4

数据来源：根据该孵化器 2016 年度财务报表整理。

《中国百家孵化器调查报告》统计显示：中国孵化器的收入结构中，房租占 41%，政府补助占 27%，投资收益和其他增值服务目前尚未成为多数孵化器的主要收入途径。从表中可以看出，C 孵化器除了自有资金外，其余资金来源于政府的各类补助（主要是国家级、自治区级众创空间与孵化器认定的奖补资金 275 万元）和 105 万元的房租收入，没有银行贷款和风险资本的注入。主要原因是：运营团队专业管理、服务企业的能力偏低，对接投融资机构吸引资本的能力薄弱，目前尚未向入孵企业引入一笔银行贷款或风险投资，而自有种子资金又非常有限；创业导师实践经验相对缺乏，入驻团队得不到有操作性的意见建议；多采取"路演"方式对接供需，注重形式，收效甚微。二是入驻创业企业技术创新能力薄弱，人才匮乏，市场前景不明朗，投资机构态度谨慎。孵化器目前主要存在的困难为：前期成本投入大，一直处于亏损状态。

（3）结论。

从该孵化器的融资来源看，资金实力比较弱，资金来源比较单一，为在孵企业提供债权融资、风险投资、私募融资、上市融资等资本服务方面存在大量空白，其他诸如财务咨询、法律咨询、公证和仲裁、资产和资信评估、技术产权交易等非资本增值服务的能力也非常有限。与中关村创业大街每天孵化 1.6 家创业企业相比，新疆孵化器孵化培育创业企业的能力有待加强。

5.3 新疆科技金融模式的运行特征：基于对新疆科技金融参与主体的现状调研

本书利用问卷网制作并发放了针对新疆内国家级高新技术企业和银行金融机构（包括国家开发银行、中国建设银行、中国工商银行、北京银行、兴业银行、光大银行、中国邮政储蓄银行在乌鲁木齐的分支机构及新疆农村信用社、天山农村商业银行）的调查问卷，分别回收了 176 份科技企业和 16 份银行金融机构的问卷并进行了数据分析，结合与部分企业、银行、创业投资公司、中介机构和相关政府部门的访谈、调研，归纳出新疆科技金融模式运行的如下特征。

5.3.1　政府

（1）统筹协调科技金融发展的能力比较薄弱。与美国的资本主导型、日本的银行—市场过渡型模式不同，中国的科技金融模式总体上以政府引导为主。房汉廷从科技资产财富化目标的研究视角，认为科技金融的事权实质是科技创新工作，财权实质是财政投入对金融资本的引导。因此，科技金融工作的主旨应是科技工作，并且是科技工作的深化。科技部在资源配置与管理司设立了科技金融处，天津市科委、陕西省科技厅也单独设立了科技金融处，在带动金融资源、民间投资，促进科技企业发展和科技成果转化等方面发挥宏观协调和引导服务作用。新疆科技管理部门虽在联结银行金融机构等方面发挥了主观能动作用，与两家银行就扶持科技型企业签订了战略合作协议，但与证券市场、创业投资市场的联动空间还很大，如能在科技管理部门设置科技金融处室，统筹政府、银行和市场三方关系，将形成"1+1+1>3"的合力。企业在问卷中反映，亟须政府宏观指导和支持（占67.6%）、建立完善的融资环境（占61.4%）、制定完备的政策法规和拥有执行力（占60.2%）、确立平等准入与公平竞争（占52.8%）、构建畅通的信息服务体系（占48.9%），以解决其发展的外部环境。

（2）引导科技金融的财政资金总量不足与空间结构不均衡的矛盾同时存在。2015年，我国财政科技支出为5862.57亿元，占当年国家财政支出的3.33%。北京、天津、上海、江苏、浙江、广东、山东、陕西2015年财政科技支出占财政支出的比例分别达到5.02%、3.74%、4.39%、3.84%、3.77%、4.44%、1.93%、1.31%，而新疆财政科技投入只有41.64亿元，占财政支出的1.09%，在全国排名倒数第8。在全疆15个地州市空间分布上，科技支出存在地域不均衡性，如图5.3所示，首府乌鲁木齐市一枝独秀，科技投入占财政支出的1.62%，北疆平均1.17%，东疆（哈密、吐鲁番）平均0.97%，南疆五地州平均只有0.66%。科技支出同样存在结构不均衡性，在研发支出中，基础研究、应用研究、试验发展的比例分别为6.88%、20.55%、72.57%，"轻基础重应用、轻前端重后端"问题突出。

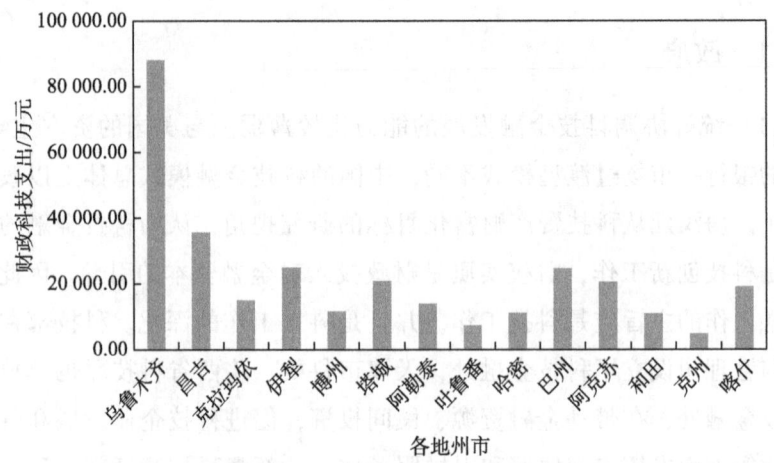

图 5.3　新疆各地州市 2015 年财政科技支出情况

数据来源：《新疆科技统计年鉴 2016》。

注：新疆 14 个地州市包括乌鲁木齐市、昌吉回族自治州（以下简称"昌吉州"）、伊犁哈萨克自治州（以下简称"伊犁州"）、塔城地区、博尔塔拉蒙古自治州（以下简称"博州"）、阿勒泰地区、克拉玛依市、吐鲁番市、哈密市、和田地区、喀什地区、巴音郭楞蒙古自治州（以下简称"巴州"）、克孜勒苏柯尔克孜自治州（以下简称"克州"）、阿克苏地区。

5.3.2　金融机构

（1）银行风险偏好不利于科技企业。2015 年新疆本外币存贷差为 4171 亿元，而当年新疆全社会研发投入为 52 亿元，仅占存贷差的 1.2%。通过对 176 家企业进行需求调查，发现企业均有不同数额的资金缺口，其中 54% 以上（根据图 5.4 中各资金需求区间所占百分比计算得到结论）的企业资金需求在 500 万元以上。可见，银行潜在供给与现实供给及企业实际需求相去甚远，储蓄转化为贷款的渠道存在严重梗阻。在银行的现实供给中，由于科技企业在技术创新活动中受外部环境的不确定性、内部创新项目的复杂性和创新者自身能力所囿，导致科技企业的流动性风险和收益性风险都较大，使银行对科技企业产生规避。回收的银行问卷中，100% 的问卷都将科技型企业按期还本付息的能力视作为其贷款的前提条件，这正是科技企业所欠缺的资质。从贷款投向上看，银行存在明显的规模歧视，问卷中 87.5% 倾向于向成长期的科技型企业提供融资支持，81.2% 倾向于向成熟期的企业提供融资支持；只有 12.5% 愿意为初创期企业提供贷款；没有问卷显示银行愿意为种子期企业提供融资支持。

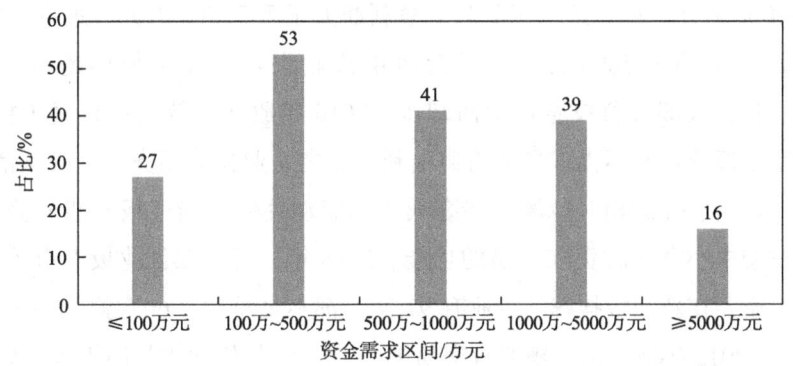

图 5.4　被调查企业资金需求情况

数据来源：根据回收问卷整理。

（2）金融产品创新的滞后不利于科技企业。金融产品创新是指金融交易载体与金融资源分配形式的变革创新。开发出与科技型企业全生命周期相适应、满足企业需求、有前瞻性和吸引力的金融产品是支持其技术创新、扶持其发展壮大的重要途径，但由于社会信用观念淡薄等外因及银行缺乏创新意识和创新文化、自主研发金融创新产品的能力比较差、金融创新人才匮乏、机构设置调整滞后等内因，导致新疆银行金融产品创新严重滞后。在银行的回收问卷中，87.5% 显示银行仍采用"优质客户+有效资产抵押"方式，56.2% 采用传统融资方式和"政府推荐+担保+贷款"模式，采用"联保联贷"、统贷支持模式仅占 12.5%，而采用"先投后贷""先贷后投"、应收账款或股权质押、无形资产质押模式更少，只有 6.25%。85.8% 的企业未参投科技保险，其中 81.5% 的企业不知道或不了解科技保险的相关险种及保障内容。

5.3.3　资本市场

（1）股票市场对企业科技创新支持有限，企业上市融资困难。创业板（二板）、新三板和地方性股权交易中心（四板）作为多层次资本市场的重要组成部分，是规模偏小、但成长性偏高的科技型中小企业融资的重要场所。2009 年建立的创业板对一批创新型中小企业发挥了融资引导和激励作用，但其较高的门槛 [拟上市企业要求最近两年连续盈利、净利润额大于等于 1000 万元；或最近一年盈利、净利润大于等于 500 万元，最近一年营业收入大于等于 5000 万元，最近两年营业收入增长率都得超过（含）30%] 仍使大部分科技企业望而却步。2016 年股转系统两次提高了标准，挂牌新三板的企业不再享受零门槛福利，加之企业良莠不齐，交投不活跃，做市、定增、并购相对冷淡，持续低迷的流动性使得新三板不能充分发挥为科技型中小企业融资和交易的功能。2016 年，新疆在创业板上市的企业只有 5 家，在新三板挂牌的企业有 97 家，都不足总数（603 家、10163 家）的 1%。2012 年成立的新疆股权交易中心，因面临市场定位不明确、法律法规不健全、配套服务不完善、转板机制不健全等现实困境，在全国同行业中发展缓慢，截至 2016 年底，仅有 600 余家企业挂牌（见图 5.5）。此次问卷调查企业中，只有 12.5% 选择通过新疆股权交易中心进行融资，其他企业因未达到准入要求、产权评估定价困难、融资成本较高、融资手续烦琐、担心分散控制权和外泄技术秘密等原因而没有选择这一融资方式。

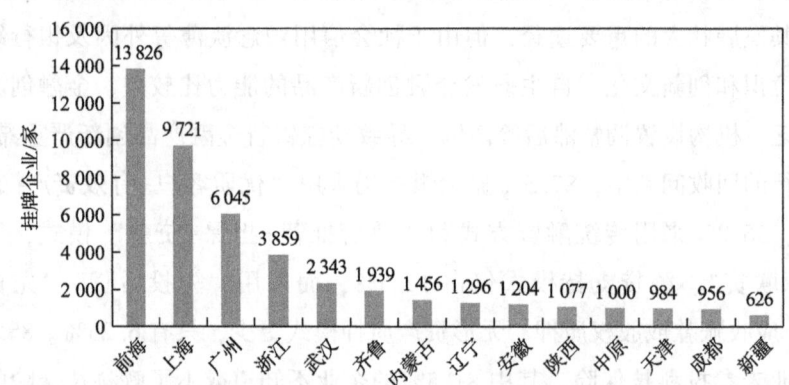

图 5.5 我国部分股权交易中心挂牌企业数量（截至 2017 年 3 月 22 日）

数据来源：各股权交易中心官方网站。

注：前海指前海深港现代服务业合作区，中原指中原经济协作区。

（2）债券和创业投资市场发展缓慢，企业直接融资比例低。债券相对银行贷款来说，融资成本高、审核时间长，能够发行并有意愿发行债券的企业很少。在被调查企业中，有 61.4% 的企业通过银行和信用社进行融资，发行债券的只占 1.7%。受规模和性质所限，超过 70% 的债券融资企业是国有企业，民营企业和中小型企业比例很低。即使有中小企业集合票据、中小企业集合债券等债券品种，但增信环节需要担保时，实力不足的担保机构又很难满足民营和中小企业的需求。2015 年，新疆发行企业债 93.9 亿元，占全国总发行企业债（29 388 亿元）的 0.3%。创业投资市场也极度不活跃，根据清科集团旗下私募通数据显示：2016 年 1—12 月，发生在新疆地域的 VC/PE 投资案例只有 6 起，投资额 68 610 万美元，投资案例数和投资金额分别只占全国的 0.17% 和 0.86%。

5.3.4　企业

资金是制约企业技术创新的瓶颈。有 76.1% 的企业认为缺乏资金是企业难以发展壮大的主要原因，42% 的企业认为缺乏足够抵押物是其筹措资金时遇到的主要困难，60% 的企业提出可以提供知识产权质押，但因评估、定价困难，无形资产质押融资业务在新疆开展得并不普遍。单就企业信贷融资渠道而言，新疆科技型中小企业盈利水平不高、资金回流慢，信贷资产质量在银行机构总体评估不高；管理较为粗放，财务制度、激励制度和决策机制不尽完善，直接影响银行对企业的还款能力评估，银行贷款的审查、发放也相对严格慎重，造成企业无法成功申请信贷或授信额度的降低。

5.3.5　中介机构

（1）无形资产评估滞后。由于缺少无形资产领域专业评估人才和全面精确的无形资产数据支撑，新疆已有的中介机构目前仅在知识产权代办和咨询服务领域开展一些简单的业务，能够对无形资产市场价值进行合理评估、定价、转移的机构凤毛麟角。技术与市场价值的脱节，使得对科技型企业的企业价值和核心竞争力判断不清，企业获得风险投资等直接融资缺乏量化的价值判断依据；加之司法领域没有客观的价值分析报告，使得知识产权侵权成本低、保护不力，技术的外部性影响了企业自主创新的积极性；同时，知识产权等无形资产的流动性风险加大，使得知识产权质押贷款等金融产品的创新明显滞后，"少有形资产、多知识产权"的科技企业很难获得合理的银行贷款，金融服务链条的断裂和低效严重阻碍了科技型企业的间接融资。

(2) 信用评估体系滞后。银行的调查问卷显示,在其贷款流程的三个阶段（对企业的信用进行审核阶段、贷款发放执行阶段、后续风险关注阶段）中,93.75%的银行关注信用审核阶段。2009 年 8 月,自治区人民政府牵头建立了社会信用体系建设联席会议制度,办公室设在中国人民银行乌鲁木齐中心支行。2010 年年底,新疆 14 个地州市全部建立了这一制度。依托该制度,乌鲁木齐中心支行积极推进信用体系建设,尤其是中小企业的信用体系建设。截至 2015 年 2 月,金融信用信息数据库累计收录 3 万户中小企业的信用档案,支持中小企业累计取得银行融资 827 亿元,在防范信贷风险、改善信用环境方面发挥了重要作用。然而,由于征信法律、法规体系建设滞后,非银行类信息（包括企业和个人涉及的劳动保障、拖欠工资、环境违法、社保、税务、工商、个人执业奖惩等）采集协调难度大、信息共享困难等原因,新疆金融信用环境总体仍欠佳,信用体系不甚健全。

(3) 融资担保体系需加大完善力度。新疆从 1999 年起,与全国同步实施中小企业信用担保体系建设,目前已初步形成政策性担保为主,商业性、互助性担保为辅的自治区、地州市、县市区三级担保与再担保体系。针对担保机构南北疆分布不均匀（北疆多,南疆、东疆少）、发展不平衡（见图 5.6和图 5.7）,互助性担保机构数量不多、担保额不足,担保机构实力弱（平均注册资本 9796 万元,全国平均上亿元）、规模小、经营不规范、识别控制风险能力不强、代偿能力弱、缺乏造血功能、与银行缺乏有效的互信和风险共担机制,担保配套政策不到位,经营环境欠佳等现实问题,仍需加大融资担保体系的完善力度。

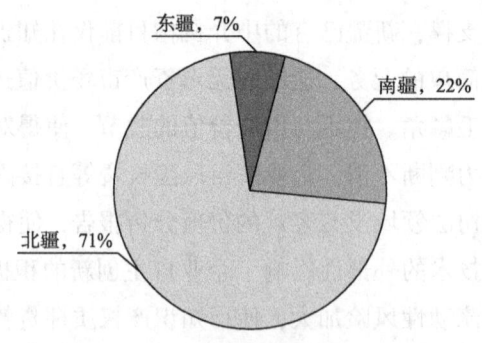

图 5.6 新疆担保机构空间分布

数据来源:人民银行乌鲁木齐中心支行提供。

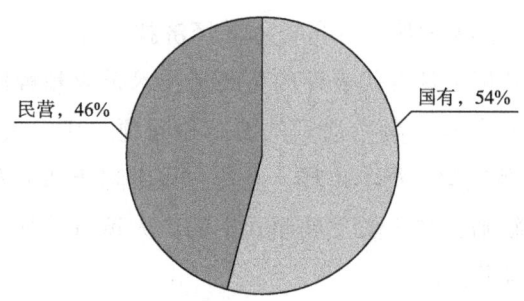

图 5.7　新疆担保机构按性质划分数量

数据来源：人民银行乌鲁木齐中心支行提供。

5.3.6　总体运行特征分析

综上所述，新疆科技金融发展模式表现出几个突出特点：一是各级政府在科技金融体系中发挥了绝对主导作用，以组建基金、搭建平台、完善中介等措施引领社会资本向科技投入，但由于缺乏统筹协调引领科技金融发展的政府主导部门，政策措施不完善，引导资金不足，服务平台不健全，目前尚未形成政府、银行和市场支持企业技术创新的有效合力；二是审慎被动放贷的银行和缺乏活跃度的资本市场，使资金直接供给方和间接供给方支持企业创新的动力不足、方法有限、产品传统，保险机构尚未介入科技创新；三是企业自身创新能力弱、管理不规范、制度不健全，不足以吸引银行和市场的资金投入；四是中介机构（科技评估、科技担保等）发展缓慢，服务低效，在金融服务链条中未能充分发挥桥梁纽带作用，制约了科技金融衍生品的创造。

基于这些特征分析，按照本书 4.2 节中对"科技金融体系的发展阶段"的划分，与我国现已处于成长阶段相比，新疆科技金融发展滞后，仍处于萌芽阶段。

5.4　小结

本章通过调研、访谈和问卷调查法，从宏观、中观、微观三个层面分析了新疆科技金融发展现状。宏观层面，运用统计描述分析法，厘清了新疆科技金融体系的资源禀赋，归纳出新疆科技金融发展的"5+4+2"模式；

中观层面，剖析了典型地区——乌鲁木齐经济技术开发区科技金融发展现状；微观层面，解析了具有代表性的某高新技术企业和孵化器作为资金需求方和中介机构在科技金融中遇到的困难和问题。基于三个层面的分析，厘清了政府、金融机构、资本市场、企业、科研院所和大专院校、中介组织等参与主体在新疆科技金融发展模式中的十大运行特征，指出新疆科技金融发展处于萌芽阶段。

第6章

新疆科技金融投入产出效率评价研究

本章将利用 2008—2015 年面板数据，用 DEA 结合 Malmuquist 指数方法，横向比较分析新疆与全国其他省市科技金融的效率，以及新疆 14 个地州市科技金融的效率差异，以期分区域、分阶段地设计新疆科技金融发展模式。

6.1 基本理论和模型

6.1.1 方法概述

DEA 是一种交叉于运筹学、数理经济学和管理科学的非参数的数量分析方法。自 1978 年由美国著名运筹学家查恩斯和库柏创立以来，在很多部门和行业运用发展，尤其在处理多指标投入和多指标产出方面，具有独特优势。DEA 用线性规划法，对多项投入和产出指标，对具有可比性的同类单位，通过比较其偏离 DEA 前沿面的程度进行相对有效性评价，得出需要优化的投入或产出单元。与参数法比较，由于不需要预先估计参数，DEA 在规避主观因素和简化算法、降低误差等方面有较大优越性，目前在城市经济状况分析、金融机构效率分析、公共事业管理评估，以及美国军用飞机的飞行、基地维修与保养等方面得到了广泛应用。

Malmuquist 指数是 1953 年瑞典经济学家、统计学家（Sten Malmuquist）提出的，用缩放因子（等同于学者在生产分析中提出的"距离函数"）来构造消费数量指数。1982 年，学者首次提出 Malmuquist 生产指数并应用于生产率变化的测量。1989 年，有学者基于 DEA 方法，将 Malmuquist 指数从理论运用到实证，1994 年进一步将其分解为综合效率、纯技术进步和规模效率变动。Malmuquist 指数可以由距离函数来定义，基于产出的 Malmuquist

生产率指数可以表示为

$$m_0(X^{t+1},\ q^{t+1};\ X^t,\ q^t) = \left[\frac{d_0^t(X^{t+1},\ q^{t+1})}{d_0^t(X^t,\ q^t)} \times \frac{d_0^{t+1}(X^{t+1},\ q^{t+1})}{d_0^{t+1}(X^t,\ q^t)}\right]^{\frac{1}{2}} \quad (6-1)$$

6.1.2 基本模型

DEA 最具代表性的模型有 CCR、BCC、FG 和 ST 模型。

CCR 是 DEA 最基本的模型。该模型假设规模报酬不变，来评估各决策单元的整体效率（包括规模效率和技术效率两部分）。CCR 模型的结果有三种：得分为 1 时，说明决策单元 DEA 有效，即投入产出相对均衡，在固定投入下实现了产出的最大化，或者在固定产出下实现了投入的最小化；得分在 0.9 到 1 之间，说明决策单元 DEA 相对有效，只需适当调整投入或产出即能达到有效状态；得分小于 0.9 的，说明 DEA 相对非有效，此时的投入或产出已经超出正常的运行范围。

BCC 模型是假设规模报酬可变时，所有决策单元均处于规模运行时，分析哪些单元是由纯技术效率相对非有效引起的。FG 和 ST 模型假设的条件分别是规模收益递减和规模收益递增时，对效率的评价。

6.1.3 DEA 效率评价方法的国内外研究进展

DEA 方法被国内外学者广泛使用，来评估高校、银行、医院、城市等领域的效率。国外，有学者（Korhonen，Tainio，et al.，2001；Cherchye，Abeele，2005；Abbott，Doucouliagos，2003；Sarrico，Dyson，1998）均运用 DEA 方法研究高校效率，他们构建了投入产出指标体系，分别对芬兰、荷兰、澳大利亚和英国高校的学术研究的价值效率、经济与管理的研究效率、研发效率、制度绩效进行了测算。有学者（Lozano-Vivas，Pastor，et al.，2002）把 DEA 模型与人均收入、人均工资等环境变量结合起来，研究欧洲国家商业银行的效率。有学者以外商直接投资、研发投入和专利授权费用为投入指标，研究了韩国技术发展与投资回报率的关系，认为技术多样化可催生投资的高回报。有学者（Rousseau，1997）以 GDP、研发支出、活跃人口为投入指标，以专利和出版物为产出指标，运用 DEA 方法，对美国、

日本、英国等 18 个发达国家的科技核心竞争力进行分析比较。有学者
（Wang，Huang，2007）选取了 30 个国家，根据各国研发资本存量、人力资
本投入和专利、论文产出情况，运用 DEA 这些国家的研发效率进行评估与
分析，并用回归分析控制外部环境因素的影响。

在国内，吴和成、郑垂勇（2003）使用改进的 DEA 模型，用 1999—
2000 年的数据，对我国 28 个省（自治区、直辖市）科技投入的有效性进行
了实证分析。谢友才（2005）将 DEA 与典则相关分析（即主成分分析）法
相结合，研究了浙江省 11 个地级市 2001—2002 年的研发绩效，认为有可能
由于人才资源的高效使用促进温州、宁波的高速发展。时鹏将等（2004）
在分析投入型和产出型两种 DEA 模型缺陷的基础上，运用更贴近实际的投
入—产出型 DEA 模型对我国 27 个省（自治区、直辖市）1999—2000 年的
研发效率进行差异评价。罗亚非等（2006）选取 2002 年我国化学药品原药
制造业、电子器件制造业等 10 个高技术行业在科技活动中的投入产出指标，
运用 DEA 最基本的 C^2R 模型，计算各行业的相对效率，得到我国高技术行
业的研发强度并不明显大于非高技术行业的结论。师萍等（2007）分析了
我国研发投资来源与分配结构，选择研发总支出和人力资源为投入指标，
选择人均 GDP 和万元 GDP 能耗为产出指标，运用 DEA 方法对我国 1985—
2004 年的投入绩效、变化趋势进行了实证分析，提出市场机制和政府宏观
政策均会保证企业研发投入的稳步增长。李海东、胡国松（2017）对 16 所
石油类高等院校 2015 年的科技创新效率进行了测度，对 DEA 相对有效的学
校计算了超效率值，并分析了非有效学校投入、产出的冗余和不足，认为
部分高校 DEA 非有效是由于规模效率较低且产出严重不足所导致。章思诗、
李姚矿（2017）用 DEA 模型实证分析了我国 24 个省（自治区、直辖市）
2009 年到 2014 年科技金融效率，并用 Tobit 回归分析了来自政府、创投机
构和高新技术企业三方的影响因素，提出加强财政资金的监管、合理配置
科技资源和扩大高新产业规模等建议。陈伟等（2017）选取我国 28 个省
（自治区、直辖市）高新技术产业 2009—2015 年的数据，运用 DEA 结合
Malmuquist 指数的方法，对产业科技创新效率及其变动情况进行了分析，并
确定了影响效率的主要因素。

6.2 新疆科技金融投入产出效率评价及其与其他省市的比较

本节以 31 个省（自治区、直辖市）为研究对象，选取 2008—2015 年面板数据，运用 DEA 和 Malmuquist 指数相结合的方法，测算各地区科技金融的效率。

6.2.1 指标体系的建立

很多学者对金融支持科技的绩效进行了研究，本书 2.3.3 节从全国层面和区域层面对绩效评价的文献进行了综述。在变量选取方面，学者们根据研究目的的不同和数据的可取性，选择了不同的投入产出指标。荣婷婷（2015）以地区生产总值、金融机构存贷款余额、上市公司直接融资总额、政府科技经费为投入变量，以专利申请授权数、新产品销售收入、技术市场成交金额为产出变量，对金融支持区域创新效率进行了实证研究。黄瑞芬（2015）以科技占财政支出比重、中小企业贷款增加额占银行贷款增加额比重、高技术产业固定资产投资与固定资产投资额之比、研发经费为投入指标，以百万人口有效发明专利数、高技术产值占 GDP 比重为产出变量，对我国沿海各省的科技金融绩效进行了评价。贺永正（2015）以政府和银行作为金融投入主体，以科技创新和经济效益为产出指标，研究了江苏省科技金融对科技创新和经济发展的效率。王海将政府资金、企业资金、银行贷款作为投入指标，将活动成果、成果应用转化、科技成果商品化作为产出指标，研究了科技与金融结合的效益。柏玲以研发内部支出、研发人员全时当量为投入指标，以专利授权数为产出指标，研究了金融支持区域创新的竞争和溢出效益。乔宏等将评价河北省科技金融结合效率的金融投入指标确定为研发内部支出、高技术产业引进与消化吸收费用、高技术产业新产品开发经费支出、财政科技拨款，产出指标确定为高技术产业新产品销售收入、技术市场成交额、国内专利申请量、国内专利授权量。

从已有的研究成果来看，学者们在指标选取方面存在的普遍问题有两个。第一，投入和产出指标较单薄，有失全面。不少学者研究了政府财政投入因素，有的虽然考虑了银行和资本市场的科技投入，但将政府、银行、证券市场、风险投资市场、债券市场和保险市场作为科技金融投入主体进行系统全面研究的却并不多见。产出方面，也很少系统地将科技产出和经济产出进行统筹考量。指标不全面，就无法客观真实地反映科技金融体系不同投入主体对不同产出效果的影响。第二，部分学者选取的指标有重叠性，缺少了独立性与互补性的统筹兼顾。比如，有学者将全社会研发投入和政府财政科技投入都作为投入指标，殊不知这两个指标在统计上有部分交集。

　　在第 4 章"科技金融发展模式的驱动机制分析"的基础上，本节考虑科技金融投入多元主体的特性和已通过验证的五维驱动模型的 18 个代理变量，根据代理变量的可量化性和易获取性，综合前人研究成果，采用 6 个投入变量和 6 个产出变量构成的指标体系（见表 6.1）。投入指标，选取地方财政科技支出、科技贷款余额、上市科技型企业市值、风险投资机构管理资金总额、信用债券发行量、保费收入来分别代表政府、银行、证券市场、风投市场、债券市场和保险市场对科技的支持。产出变量分为科技产出和经济产出两部分。科技产出选取国内发明专利授权量、SCI/EI/ISTP 收录论文数量、技术市场成交额、高技术产业产值、新产品产值作为代理变量；经济产出选取 GDP 作为代理变量。

表 6.1　各省市科技金融效率投入产出指标

指标	一级指标	二级指标	指标
投入指标	保险市场	保费收入/亿元	I_1
	银行投入	科技贷款余额/亿元	I_2
	证券市场投入	上市科技型企业总市值/亿元	I_3
	风险投资市场投入	风险投资机构管理资金总额/亿元	I_4
	政府投入	地方财政科技支出/亿元	I_5
	债券市场投入	信用债券发行量/亿元	I_6
产出指标	经济产出	GDP/亿元	O_1
	科技产出	高技术产业产值/亿元	O_2
		技术市场成交额/亿元	O_3
		SCI/EI/ISTP 收录论文数量/篇	O_4
		新产品产值/万元	O_5
		国内发明专利授权量/项	O_6

指标说明：

①保费收入（I_1）：各保险公司向投保人收取的收入总额。

②科技贷款余额（I_2）：银行科技贷款的数据2006年后再无统计，根据龚传洲（2012）、俞立平（2013）和瑞亚（2014）的研究结论，可在实证中用银行中长期贷款额来度量银行对持续创新的支持程度。为保持数据的完整性和合理性，本研究用2000—2006年科技贷款额与中长期贷款额之比，推算预测出2007—2015年的科技贷款额。

③科技型上市公司总市值（I_3）：对资本市场数据的选取，以科技型上市企业的市值来衡量各地区资本市场融资。科技型上市公司的选取标准根据科技部制定的《国家高新技术企业认定条件和管理办法》，借鉴李希义（2008）、房汉廷（2010）对科技型上市公司的界定标准，对各地区被科技部认定为高新技术企业的上市公司进行筛选，最终确定了各地区科技型上市公司。

④风险投资机构管理资金总额（I_4）：科技部统计的风险投资机构管理资金的全部额度。

⑤财政科技支出（I_5）：各级政府财政支出中用于科学研究与技术开发的支出。

⑥信用债券发行量（I_6）：指发行的公司债、企业债、分离交易可转债、中期票据、短期融资券、次级债、资产支持证券总量。

⑦GDP（O_1）：反映经济发展水平。

⑧高技术产业产值（O_2）：反映科技活动的产业化。

⑨技术市场成交额（O_3）：反映技术扩散状况。

⑩SCI/EI/ISTP收录论文数量（O_4）：被三大索引收录的论文数量，反映知识直接产出。

⑪新产品产值（O_5）：企业采用新技术、新工艺、新材料等生产的新产品的产值，反映科技活动的市场化。

⑫国内发明专利授权量（O_6）：获得发明专利授权的数量，反映科技直接产出。

6.2.2　数据来源

本章选取31个省（自治区、直辖市）为研究对象。数据来源于《中国统计年鉴》《中国科技统计年鉴》《中国创业风险投资发展报告》及国家统计局网站(www.stats.gov.cn)、中国人民银行官网(http://www.pbc.gov.cn)和WIND数据库2008—2015年等。缺失数据采用平滑法进行处理。

6.2.3　实证分析与结论

1. 描述统计分析

对31个省（自治区、直辖市）科技金融投入产出指标数据的平均值(Mean)、标准差(S.D.)、最大值（Max）和最小值（Min）进行描述统计分析，结果可以看出：各地区在科技金融投入产出方面不均衡，存在较大差异（见表6.2）。

表6.2　各地区2008—2015年科技投入产出指标分析统计表

指标	最小值	最大值	平均值	标准差
I_1	3 052.05	10 155 265.48	1 185 142.94	2 064 699.42
I_2	2 299.68	6 478 740.85	794 330.55	1 312 813.01
I_3	403.09	117 726.92	9 624.85	21 618.22
I_4	0.00	652.18	81.36	148.43
I_5	3.63	252.68	64.15	66.99
I_6	8.20	20 707.71	2 035.64	3 826.51
O_1	604.56	49 403.25	15 444.13	12 236.78
O_2	5.78	23 035.11	2 891.87	5 166.79
O_3	0.00	1 921.45	154.00	347.46
O_4	11.86	59 028.60	10 005.81	11 843.00
O_5	9 737.78	70 768 294.33	7 508 968.71	14 553 025.26
O_6	26.80	15 503.70	3 286.73	4 238.31

2. DEA结果分析

用DEAP2.1软件，对31个省（自治区、直辖市）2008—2015年的投入产出数据进行处理，结果见表6.3。

表6.3 全国科技金融投入产出 DEA 相对效率结果

地区	综合效率	纯技术效率	规模效率	规模收益变化
新疆	0.488	0.508	0.961	递增
北京	1.000	1.000	1.000	不变
上海	0.872	1.000	0.872	递减
江苏	1.000	1.000	1.000	不变
浙江	0.954	1.000	0.954	递减
广东	1.000	1.000	1.000	不变
福建	1.000	1.000	1.000	不变
广西	1.000	1.000	1.000	不变
云南	0.630	0.693	0.908	递增
贵州	0.464	0.509	0.912	递增
江西	1.000	1.000	1.000	不变
山东	1.000	1.000	1.000	不变
山西	0.603	0.626	0.963	递增
内蒙古	1.000	1.000	1.000	不变
河南	1.000	1.000	1.000	不变
河北	1.000	1.000	1.000	不变
四川	1.000	1.000	1.000	不变
重庆	1.000	1.000	1.000	不变
陕西	1.000	1.000	1.000	不变
青海	0.965	1.000	0.965	递增
宁夏	0.680	1.000	0.680	递增
甘肃	0.905	1.000	0.905	递增
西藏	1.000	1.000	1.000	不变
湖南	1.000	1.000	1.000	不变
湖北	1.000	1.000	1.000	不变
海南	0.948	1.000	0.948	递增
辽宁	0.899	1.000	0.899	递减

续表

地区	综合效率	纯技术效率	规模效率	规模收益变化
吉林	1.000	1.000	1.000	不变
黑龙江	1.000	1.000	1.000	不变
安徽	0.637	0.748	0.851	递减
天津	1.000	1.000	1.000	不变

（1）综合效率结果分析。

如表6.4所示，综合效率是1的地区有北京、江苏、广东、福建、广西、江西、山东、内蒙古、河南、河北、四川、重庆、陕西、西藏、湖南、湖北、吉林、黑龙江、天津等19个，这些地区已实现金融资源的最优化使用；综合效率值大于0.9、接近1的地区有青海、浙江、海南和甘肃4个，说明这些地区属于非显著相对有效，需要适当调整投入和产出结构就能达到相对有效水平；综合效率小于0.9的地区有新疆、贵州、上海、云南、山西、宁夏、辽宁、安徽8个，说明这些地区没有科学配置、合理使用投入资源，造成产出效率不高，需要同时调整投入与产出多项指标才有可能实现DEA有效。

表6.4 综合DEA值分布

效率分布区间	0.0~0.9	0.9~1	1
地区数/个	8	4	19
比例/%	25.8	12.9	61.3
地区	新疆、贵州、上海、云南、山西、宁夏、辽宁、安徽	青海、浙江、海南、甘肃	北京、江苏、广东、福建、广西、江西、山东、山西、内蒙古、河南、河北、四川、重庆、陕西、西藏、湖南、湖北、吉林、黑龙江、天津

（2）纯技术效率结果分析。

综合效率是纯技术效率和规模效率的乘积。综合效率为1，说明技术效率和规模效率均有效；综合效率不为1，就需要从技术上或规模上分析其非有效的具体原因。表6.5中，上海、浙江、青海、甘肃、宁夏、海南、辽宁7个地区纯技术效率有效，但综合效率非有效，说明这7个地区科技金融效率不高是由于投入或产出规模DEA非有效造成的，要提高效率值，则需要适当调整规模,使其实现投入产出最大化;技术效率小于0.9的地区有5个,表明这5个地区科技金融的高投入只带来了低产出。

表6.5 纯技术效率的分布

效率分布区间	0~0.9	0.9~1	1
地区数/个	5	0	26
比例/%	16.1	0	83.9
地区	新疆、贵州、云南、山西、安徽		北京、上海、江苏、浙江、广东、广西、福建、江西、山东、四川、重庆、河南、河北、陕西、甘肃、宁夏、青海、西藏、湖南、湖北、海南、辽宁、吉林、黑龙江、天津

(3)规模效率结果分析。

规模效率的分布见表6.6。规模效率不变的有19个,说明这19个地区在现在的投入状况下,实现了产出最大化;DEA非有效但规模效率递增的有8个,可以适当加大投入规模以提高效率;规模效率递减的有上海、浙江、辽宁、安徽共4个,这些地区需要调整科技金融的投入结构,提高资金的使用效率。

表6.6 规模效率的分布

效率分布区间	0~0.9	0.9~1	1
地区数/个	4	8	19
比例/%	12.9	25.8	61.3
地区	上海、宁夏、辽宁、安徽	新疆、浙江、云南、贵州、山西、青海、甘肃、海南	北京、广东、江苏、广西、福建、江西、山东、内蒙古、河南、河北、四川、重庆、陕西、西藏、湖北、湖南、吉林、黑龙江、天津

全国科技金融投入产出效率测度示意图如图6.1所示。

(4)Malmuquist指数分析。

Malmuquist指数能够动态反映不同年份科技金融效率的变化趋势。从表6.7可以看出,从2008年到2015年,我国科技金融全要素生产率如图

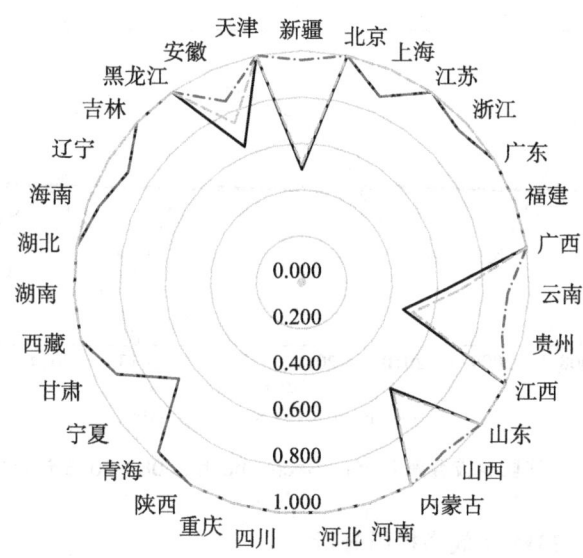

————综合效率　- - - - - 纯技术效率　- - - - - 规模效率

图 6.1　全国科技金融投入产出效率测度示意图

6.2 所示呈折线波动, 只在 2008 年、2011 年、2012 年大于 1, 分别为 1.192、1.149 和 1.257, 其余年份均小于 1。小于 1 的年份中, 2009 年是因为技术效率和规模效率均降低造成的; 2010 年、2013—2015 年效率低下, 仅是由于技术变化值降低造成的。可见要提高整体效率, 必须合理配置各主体投入的资金, 提高资金的使用效率, 促进科技产出的加大。

表 6.7　2008—2015 年我国 31 省 (自治区、直辖市) 科技金融 Malmuquist 指数及分项均值

指数	2008 年	2009 年	2010 年	2011 年	2012 年	2013 年	2014 年	2015 年
Effch	0.988	0.991	1.010	0.993	0.997	1.000	1.011	1.020
Techch	1.194	0.816	0.820	1.158	1.262	0.782	0.981	0.831
Pech	0.995	0.993	1.003	0.989	1.003	1.002	1.006	1.019
Sech	0.993	0.998	1.007	1.003	0.993	0.998	1.005	1.001
tfpch	1.192	0.809	0.829	1.149	1.257	0.782	0.992	0.848

注: Effch 表示技术效率; Techch 表示技术进步率; Pech 表示纯技术效率; Sech 表示规模效率; tfpch 表示全要素生产率。

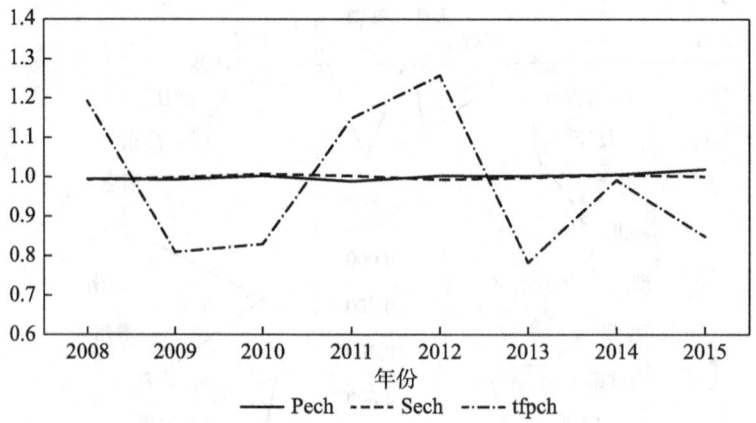

图 6.2　我国科技金融 Pech、Sech、tfpch 2008—2015 年变化趋势

（5）新疆 2015 年效率投影分析。

以效率相对较低的新疆为例，对 2015 年进行投影分析，结果如表 6.8 所示：投入指标中，保费收入、科技贷款余额、上市科技企业市值、风险投资、财政科技、信用债 6 项均存在冗余；产出指标中，除了 GDP，高技术产值、技术市场交易额、论文数量、新产品产值、专利数量均存在不足。可见新疆应该更好地发挥投入科技的资金使用效率，将资金向促进科技产出的方向引导。

表 6.8　新疆科技金融效率 2015 年投影分析结果

results for firm：31					
Technical efficiency = 0.775					
Scale efficiency = 0.974（drs）					
PROJECTION SUMMARY：					
variable		original value	radial movement	slack movement	projected value
output	1	9 324.800	0.000	0.000	9 324.800
output	2	72.000	0.000	541.166	613.166
output	3	3.000	0.000	51.977	54.977
output	4	1 821.400	0.000	3 523.309	5 444.709
output	5	254 031.000	0.000	305 782.640	559 813.640
output	6	950.000	0.000	1 176.381	2 126.381

续表

results for firm：31					
input	1	367. 400	−82. 749	0. 000	284. 651
input	2	7 653. 700	−1 723. 831	0. 000	5 929. 869
input	3	6 185. 700	−1 393. 196	−1 515. 403	3 277. 101
input	4	23. 700	−5. 338	0. 000	18. 362
input	5	41. 600	−9. 370	−3. 317	28. 913
input	6	1 193. 400	−268. 788	0. 000	924. 612
LISTING OF PEERS：					
peer			lambda weight		
17	0. 02				
8	0. 29				
5	0. 04				
26	0. 46				
21	0. 19				

注：参数 input、output 与表 6.2 中指标的对应关系为：input 1＝I_1，output 1＝O_1，依次类推。

6.3　新疆 14 个地州市科技金融效率评价

为深入剖析新疆科技金融发展的地区差异，为分区域、分阶段地制订新疆科技金融发展模式奠定基础，本节以新疆 14 个地州市为研究对象，选取 2008—2015 年面板数据，用 6.2 节提出的 DEA 和 Malmuquist 指数相结合的方法，测算各地州市科技金融的贡献率。

6.3.1　指标体系的建立

根据前文的研究，新疆科技金融发展仍处于萌芽阶段，风险投资和股权投资不活跃，各地州市的统计数据也无从获取。产出方面，高技术产业欠发达，其产值（主营业务收入）和新产品产值（销售收入）没有官方统计数据。鉴于这种情况，研究新疆各地州市的贡献率，按照数据的易得性，采用表 6.9 中的投入产出指标。

表6.9 各地州市科技金融效率投入产出指标

指标分类	一级指标	二级指标	指标代码	指标说明
投入指标	保险市场投入	保费收入/亿元	N_1	保险市场的投入
	政府投入	地方财政科技支出/亿元	N_2	地方政府对科技的投入
	银行投入	人民币期末贷款余额/亿元	N_3	银行的投入
	证券市场投入	上市公司总市值/亿元	N_4	资本市场的投入
	债券市场投入	信用债券发行量/亿元	N_5	债券市场的投入
产出指标	科技产出	国内发明专利授权量/项	U_1	科技直接产出
		科技论文数量/篇	U_2	知识直接产出
		技术市场成交额/亿元	U_3	反映技术扩散状况
	经济产出	GDP/亿元	U_4	反映经济发展水平

6.3.2 数据来源

本节选取在《新疆统计年鉴》中有全面统计数据的 14 个地州市作为研究对象,采用的 2007—2015 年数据来源于国家统计局网站(www.stats.gov.cn)、《新疆统计年鉴》《新疆年鉴》《新疆科技统计年鉴》、新疆科技厅网站(www.xjkjt.gov.cn)、中国银行业监督管理委员会新疆监管局网站(http://www.cbrc.gov.cn/sj/xinjiang/index.html)、中国人民银行乌鲁木齐中心支行网站(http://wulumuqi.pbc.gov.cn/)和 WIND 数据库。缺失数据采用平滑法进行处理。

6.3.3 实证分析与结论

用 DEAP2.1 软件,对 14 个地州市 2015 年的投入产出数据进行处理,结果如图 6.3 所示。

从雷达图可以看出,效率相对有效的乌鲁木齐、克拉玛依、博州、塔城、吐鲁番、巴州、和田、喀什、克州构成了图形的前沿面,非有效的其他地区均偏离前沿,越靠近圆心的效率越低。

1. 综合效率结果分析

综合效率值为 1 的地区有乌鲁木齐、克拉玛依、博州、塔城、吐鲁番、巴州、和田、克州、喀什 9 个地州市,占比 64.3%,说明这 9 个地区实现

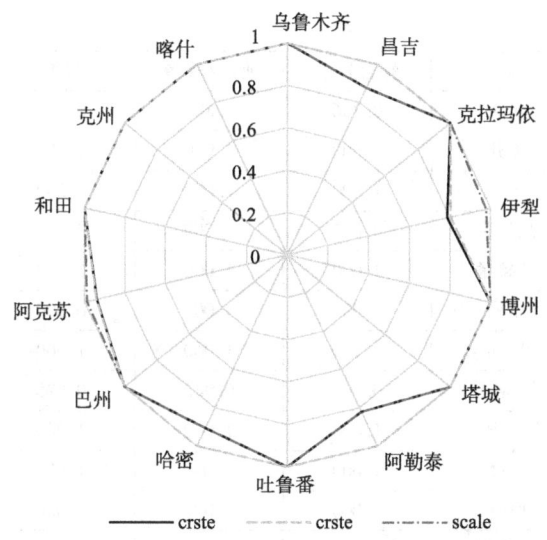

图 6.3　14 个地州市 2015 年科技金融效率雷达图

了资源的最优化利用。综合效率大于 0.9 但小于 1 的地州市有 2 个，即非显著相对有效的地区是哈密和阿克苏地区，说明这些地区只需稍稍调整投入产出项就能达到相对有效水平。综合效率小于 0.9 的有 3 个地区，即昌吉、伊犁和阿勒泰，说明这些地区都属于非 DEA 有效，反映出这些地区没有科学合理地配置资源，造成其科技产出效率低下，要使其达到效率值为 1 的水平需要调整投入与产出的多项指标。

2. 纯技术效率结果分析

从表 6.10~表 6.12 看出，纯技术效率有效的有 12 个地州市，这 12 个地区中，综合效率小于 1 的是昌吉、阿勒泰、哈密 3 个地区，说明这 3 个地区科技金融投入产出效率不高是因为投入或产出规模非有效造成的，要提高效率值，则需要适当调整规模使其达到投入产出最大化。

表 6.10　各地州市 2015 年科技金融相对效率结果

编号	地区	综合效率	纯技术效率	规模效率	规模收益变化
1	乌鲁木齐	1.000	1.000	1.000	不变
2	昌吉	0.875	1.000	0.875	递减
3	克拉玛依	1.000	1.000	1.000	不变

续表

编号	地区	综合效率	纯技术效率	规模效率	规模收益变化
4	伊犁	0.786	0.804	0.978	递减
5	博州	1.000	1.000	1.000	不变
6	塔城	1.000	1.000	1.000	不变
7	阿勒泰	0.822	1.000	0.822	递增
8	吐鲁番	1.000	1.000	1.000	不变
9	哈密	0.906	1.000	0.906	递增
10	巴州	1.000	1.000	1.000	不变
11	阿克苏	0.940	0.942	0.998	递增
12	和田	1.000	1.000	1.000	不变
13	克州	1.000	1.000	1.000	不变
14	喀什	1.000	1.000	1.000	不变
—	平均值	0.952	0.982	0.970	—

表 6.11　综合 DEA 值分布

效率分布区间	0~0.9	0.9~1	1
地区数/个	3	2	9
比例/%	21.4	14.3	64.3
地区	昌吉、伊犁、阿勒泰	哈密、阿克苏	乌鲁木齐、克拉玛依、博州、塔城、吐鲁番、巴州、和田、克州、喀什

表 6.12　纯技术效率的分布

效率分布区间	0~0.9	0.9~1	1
地区数/个	1	1	12
比例/%	7.1	7.1	85.7
地区	伊犁	阿克苏	乌鲁木齐、昌吉、克拉玛依、博州、塔城、阿勒泰、吐鲁番、哈密、巴州、和田、克州、喀什

3. 规模效率结果分析

规模效率不变的地州市有 9 个，规模效率递增的地州市有 3 个，有 2 个规模效率递减的地州市。从表 6.13 可以看出，规模不变且技术有效的地州市有 9 个，说明这 9 个地州市在当前投入水平下，已实现了产出的最大化。

规模递增且技术 DEA 非有效的地州市为 3 个，阿勒泰、哈密、阿克苏，说明这 3 个地州市的低投入只带来了较高的产出，需要加大现有的投入规模来提高效率。仅有 1 个地州市规模效率递减且技术有效，即昌吉州，说明造成综合效率低下的原因是其金融投入使用效率低，应该减少投入，提高资金的使用效率，来增加科技产出量。

表 6.13　规模效率的分布

效率分布区间	0~0.9	0.9~1	1
地区数/个	2	3	9
比例/%	14.3	21.4	64.3
地区	昌吉、阿勒泰	伊犁、哈密、阿克苏	乌鲁木齐、克拉玛依、博州、塔城、吐鲁番、巴州、和田、克州、喀什

4. Malmuquist 指数分析

Malmuquist 指数能够动态反映不同年份科技金融效率的变化趋势。运用 DEAP2.1 软件对 2007—2015 年新疆各地州市科技金融投入产出指标进行分析，得出各地 Malmuquist 指数及分项均值。2009 年、2013 年因部分地州市个别投入指标为零，无法测算出结果而忽略。从表 6.14 和图 6.4 可以看出，从 2007 年到 2015 年，新疆科技与金融结合全要素生产率呈折线波动上升，2014 年之前全要素生产率（tfpch）均小于 1，2015 年突破 1。全要素生产率曲线几乎与技术变化效率（Techch）曲线重合，说明新疆科技与金融结合的效率主要受技术变化效率影响。

表 6.14　2007—2015 年新疆科技金融 Malmuquist 指数及分项均值

指数	2007 年	2008 年	2010 年	2011 年	2012 年	2014 年	2015 年
Effch	1.013	1.009	1.039	0.983	0.985	1.008	1.076
Techch	0.640	0.927	0.012	0.985	0.455	0.740	1.059
Pech	1.000	1.000	0.965	0.976	0.970	1.031	1.049
Sech	1.013	1.009	1.077	1.008	1.015	0.978	1.026
tfpch	0.648	0.935	0.012	0.969	0.448	0.746	1.137

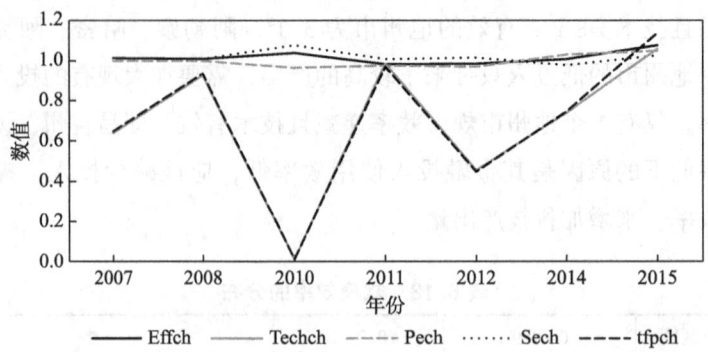

图 6.4　新疆科技金融 Malmuquist 指数 2007—2015 年变化趋势

5. 投影分析

以效率相对较低的阿克苏地区为例，对 2015 年进行投影分析，结果如表 6.15 所示：投入指标中，保费收入、银行贷款余额、上市企业市值、财政科技、信用债 5 项均存在冗余，尤其是保费收入存在严重冗余；产出指标中，第 1 项专利、第 2 项论文均存在不足。可见阿克苏地区应更好地引导保险公司向技术创新和产业化领域投入，加大科技保险的力度，同时提高论文、专利等成果产出。

表 6.15　阿克苏地区科技金融效率 2015 年投影分析结果

results for firm：11					
Technical efficiency = 0.942					
Scale efficiency = 0.998 （irs）					
PROJECTION SUMMARY：					
variable		original value	radial movement	slack movement	projected value
output	1	34	0	21.112	55.112
output	2	967	0	1 081.905	2 048.905
output	3	0.001	0	0.001	0.002
output	4	810.184	0	0	810.184
input	1	286 475.22	−16 523.078	−51 958.853	217 993.289
input	2	20 475	−1 180.94	0	19 294.06
input	3	627.445	−36.189	−33.13	558.126

续表

results for firm：11					
input	4	142.069	-8.194	-55.984	77.891
input	5	16	-0.923	-9.211	5.867
LISTING OF PEERS：					
peer	lambda weight				
3	0.559				
10	0.441				

6.4　小结

　　本章利用 DEA 结合 Malmuquist 指数方法，用 2007—2015 年面板数据，分别对我国 31 个省（自治区、直辖市）科技金融效率和新疆 14 个地州市科技金融效率进行了评价研究。结果表明：新疆由于投入冗余、产出不足，DEA 综合效率、纯技术效率和规模效率均较低；新疆 14 个地州市中，昌吉、伊犁、阿勒泰、哈密、阿克苏 5 个地区 DEA 非有效。以效率相对较低的阿克苏为例进行投影分析，得出结论：该地区保费投入存在严重冗余，论文、专利产出量存在不足，应加大科技保险的力度，提高相关科技成果产出。

第7章

新疆科技金融发展模式设计及系统仿真

从上两章分析可以看出，新疆科技金融体系运行中存在诸多困难与问题，且各地州市科技金融效率存在差异。本章将在构建科技金融框架结构图、分析科技金融参与交易关系、厘清新疆科技金融发展现状的基础上，设计可行的科技金融发展模式，规划该模式推进原则与路径，提出保障措施，并通过系统动力学对政策进行仿真模拟。

7.1 新疆科技金融发展模式设计

7.1.1 模式递进原则与路径

新疆地域面积大，各地州市经济发展、金融发展、产业发展和科技发展水平存在较大差异，科技金融模式设计不宜在全疆地毯式铺开，而应选择有基础、有条件的地区先行先试，再由小到大、循序渐进地推广示范。

从 6.3 节的分析可以看出，新疆 2015 年 14 个地州市中，科技金融效率相对有效是乌鲁木齐、克拉玛依、博州、塔城、吐鲁番、巴州、和田、喀什和克州，相对非有效的是昌吉、伊犁、阿勒泰、哈密和阿克苏。表 7.1 显示，在效率相对有效的 9 个地州市中，乌鲁木齐市无论在金融投入还是科技产出方面，数额都较其他效率有效的地区大。乌鲁木齐市作为新疆首府城市，已初步形成"一行三会"与市政府综合监管协调，银行、证券和保险等正规金融与小额贷款、融资担保、股权投资基金等准金融及跨境第三方支付、互联网金融等新型金融业态共存的金融体系。截至 2017 年年底，乌鲁木齐市在主板、中小板和创业板上市的企业共 36 家，占全疆的 62%；全国股份转让系统挂牌企业 34 家，占全疆的 35%；新疆股权交易中心托管挂牌企业 324 家，占全疆的 51%。

表 7.1　新疆 14 个地州市 2015 年科技金融投入产出情况

各地州市	保费收入 /亿元	地方财政科技支出 /亿元	银行本币贷款余额 /亿元	上市企业市值 /亿元	信用债发行量 /亿元	国内发明专利授权量/项	科技论文发表数量 /万篇	技术合同成交额 /亿元	GDP /亿元
乌鲁木齐	122.00	8.81	4 977.52	4 659.72	562.85	517.00	1.24	4.08	2 631.64
昌吉	33.00	3.55	910.37	774.78	10.00	50.00	0.08	0.06	1 140.01
克拉玛依	15.91	1.50	528.54	139.42	10.50	71.00	0.31	0.23	629.43
伊犁	26.69	2.49	948.22	64.60	91.00	31.00	0.12	0.00	809.06
博州	9.41	1.16	152.87	39.84	11.00	13.00	0.00	0.00	287.21
塔城	13.83	2.07	297.80	27.95	0.00	18.00	0.01	0.00	593.16
阿勒泰	8.13	1.39	227.67	0.00	0.00	8.00	0.02	0.00	222.12
吐鲁番	7.53	0.73	172.79	0.00	12.00	19.00	0.02	0.00	208.58
哈密	13.81	1.11	460.33	0.00	8.00	9.00	0.01	0.00	423.57
巴州	29.25	2.47	595.57	0.00	0.00	35.00	0.07	0.00	1 039.00
阿克苏	28.64	2.05	627.44	142.06	16.00	34.00	0.10	0.00	810.18
和田	5.93	1.09	169.91	0.00	0.00	3.00	0.02	0.00	234.05
克州	2.18	0.47	72.75	0.00	0.00	0.00	0.00	0.00	100.03
喀什	20.19	1.90	564.79	0.00	11.00	9.00	0.05	0.00	780.12

在乌鲁木齐市，两个国家级园区——乌鲁木齐高新技术产业开发区和乌鲁木齐经济技术开发区。这是金融资源、科技资源较为集聚的地区，也在科技金融方面做了些基础工作。5.2.2 节对乌鲁木齐经济技术开发区的科技金融现状做了典型案例分析。乌鲁木齐高新区也在推进金融机构集聚、构建"天使+风险+创投+产业+并购等"基金体系、创新科技信贷模式等方面走在全疆前列。未来的科技金融发展模式可在这两个区域先行先试，再逐步向全市其他六区一县推广。

以乌鲁木齐市以为核心，可依托乌昌石自主创新示范区，将科技金融模式向北疆的昌吉州、石河子市拓展。科技部和新疆人民政府正在推进乌鲁木齐市、昌吉州、石河子以三个国家级高新区为基础，建设乌昌石自主创新示范区,通过探索新经验、创造新模式、培育新优势,扶持创新企业集群,建立科技金融平台,为新疆构建现代化经济体系提供强有力的科技支撑。

2017年11月,科技部、国家发展改革委以国科发创〔2017〕349号文件,回复新疆人民政府和新疆生产建设兵团,同意支持新疆开展丝绸之路经济带核心区创新驱动发展试验区建设。试验区以乌鲁木齐、昌吉、石河子、克拉玛依、哈密五个地州市的七个园区(乌鲁木齐高新区、乌鲁木齐经济开发区、昌吉高新区、昌吉农业科技园区、石河子高新区、克拉玛依高新区、哈密高新区)为核心,通过开展"十个一"工作(即一个良好的创新创业氛围、一个强有力的领导机构、一个政府建设引导基金、一个人才特区、一个科技金融平台、一批创新型龙头企业、一个信息化平台、一个科技成果转化平台、一个国际科技合作平台、一个政策平台),建设丝绸之路经济带创新引领和科技成果转化的"两示范区"、新兴产业集聚及国际科技创新的"两中心"。其中,打造科技金融平台是建设丝绸之路经济带创新驱动发展试验区的重要内容,也是未来可向全疆复制推广的重要平台。

综上分析,新疆科技金融发展模式递进的路径为:乌鲁木齐高新技术产业开发和经济技术开发区→乌鲁木齐市→乌昌石自主创新示范区→创新驱动发展试验区"五地七区"→全疆。

7.1.2 模式设计

从乌鲁木齐两个国家级产业园区起步,新疆科技金融发展可尝试"科技基金+科技信贷+科企上市+风险投资+科技保险"为一体的"集成式科技金融模式"。

1. 科技基金

科技基金要充分发挥政府的引导作用,以财政投入撬动银行、资本市场、民间资本向科技投入。政府各级科技管理部门应转变财政科技资金的使用方式,将无偿资助模式重点向基础研究和种子期、初创期企业倾斜。鉴于科研院所、大专院校的基础研究几乎是直接融资、间接融资的盲点,具有"准公共产品"的性质,因此,政府需要在"市场失灵"的情况下加大对这一领域的支持;由于新疆人才匮乏,企业技术创新基础薄弱,尤其种子期、初创期企业创业创新风险极高，不受民间风险投资青睐，财政基金也应该在该领域发挥导向作用。

目前，自治区层面已组建了 5 支基金，乌鲁木齐高新区组建了丝绸之路产业母基金、正和高新创新基金、农银高新城市发展基金、北银高新产业基金，乌鲁木齐经济开发区组建了中金西部股权投资基金、平滑基金、城市发展基金、产业增效服务投资基金。但总体上基金规模较小，不成气候，且专项用于企业技术研发与成果转化的基金数量不多。建议自治区、乌鲁木齐市、两园区建立三级联动、覆盖企业全生命周期、支持科技创新与产业化的"天使+风险+创投+产业+并购等"基金体系。同时争取科技部主管、财政部监管的国家科技型中小企业技术创新基金和财政部国家中小企业发展基金，与疆内基金形成合力。

2. 科技信贷

第一，加速金融功能集聚区建设，争取落户的政策性银行、国有商业银行与股份制银行，通过向总行申请增加信贷额度等办法，或通过银团贷款、同业合作和银行债券等方式，降低科技企业信贷门槛、减少融资成本，缩短流程、减少时间成本，对科技企业信贷加大额度上的支持。发挥开发性金融机构贷款期长、利率相对较低的优势，为科技企业较长周期的研发提供债券、证券、投资、租赁、贷款等综合服务。银行可在现有贸易融资、"助保贷""银政通""三年期中小企业贷款"等金融产品的基础上，借鉴北京银行的模式，创新科技信贷产品，为科技企业有针对性地开发新产品，提供精准融资服务。银行机构可探索建立信贷转让、信托资产转让等市场，合作吸引区外资金、引进境外低成本资金。

第二，在新疆已有 4 家科技支行的基础上，加大覆盖面，增设若干科技支行，发起设立"科技银行"，创新科技信贷产品与服务。可以直接向科技型中小企业提供融资服务，也可与风投机构合作间接服务于企业。"科技银行"可参考风险投资机构对小微企业的评估模型，结合自身产品构建自己的评估体系，成为专业的为科技企业提供融资服务的银行。推动银行业开展"投贷联动"试点，银行内部可设立具有资本投资功能的子公司，或设立专营科技信贷的事业部，或对下属子公司所投科技企业发放贷款，使银行资本在早期就能介入创新型中小微企业。

第三，创新科技小贷服务模式。发挥小额贷款公司机制灵活的特点和优势，在强化其小额度信用贷款等主要业务的基础上，借鉴硅谷银行的混业经营模式，向科技企业提供风险投资、创业投资、股权投资等服务。利用企业股权收益激发科技小贷公司的服务意愿，以多元化业务模式提升科技小贷的服务能力。

3. 科企上市

第一，新疆股权交易中心要发挥"星探"作用，挖掘、培育具有潜在挂牌交易资质的中小企业。可内设专门的"企业培育部"，通过加大宣传、免费培训高管等方式，帮助具有一定规模或增长潜力的中小企业、高新企业了解资本运作的机理以及股权交易中心的职能，帮助中小企业建立规范的公司治理结构和财务制度，通过培育选择其中符合条件的企业挂牌交易。新疆股权交易中心应与政府相关部门，以及各高新产业园区、工业园区管理委员会加深合作，发挥多种渠道推荐潜在优质企业。

第二，新疆股权交易中心要与"新三板"或有一定规模和影响力的区域股权交易中心建立战略合作关系，新三板和这些股交中心在流动性、市盈率等方面具有一定优势，但门槛也相对较高。新疆股权交易中心发展不久，可以定向不同的企业群体，与新三板或其他初具规模区域性股权交易中心错位发展。通过深化合作探讨转板机制，可以借助新三板或其他初具规模区域性股权交易中心的优势，在短期内扩大影响。同时，可借鉴上海股权托管交易中心开设"科技创新板"做法，在新疆股交中心为本地有发展潜力的科技企业开设专板，并为在专板挂牌的企业搭建银行、保险、券商、私募、担保等多种金融服务构成的综合服务平台。

第三，股权中心要吸引多元投资者。除证券公司外，还应吸引私募股权基金、风险投资机构，不同行业和规模的企业、天使投资人及会计师事务所、律师事务所等中介机构加入会员。另外，在股权转让的基础上逐步拓展业务范围，开展私募股权和私募债发行、定向增发及股权托管、结算和登记等业务。在清理整顿的基础上，依托股交中心开展多类相对风险较低的金融资产交易，包括信贷资产、信托收益权、理财产品、银行承兑汇票等。结合互联网金融发展大趋势，可考虑收购或设立相关众筹公司，充分整合线上线下优势。针对股权交易中心流动性差的问题，可依托大型行业企业，建立并完善做市商制度，提高市场流动性。

第四，用足用好新疆企业上市绿色通道政策，培育资本市场。对通过上市和债券市场融资的企业，给予各类财政奖励支持。依托中亚众投平台，引导风险投资机构对新三板挂牌的企业进行风投，加大对新三板精选层挂牌企业的财政奖励政策。推进乌鲁木齐市开展双创债（创新创业债券）试点，鼓励符合条件的科技创新创业企业在证券交易所发行公司债券，利用债券市场进行直接融资。

4. 科技保险

推动科技保险向专业化运营，支持符合条件的保险公司内部设立科技保险专营部门、机构或成立独立的法人机构，建立综合性的科技保险支撑体系。设立专利保险试点，打造"保险创新中心"，创新保险品种，扩大保险覆盖面，完善保险服务功能。拓宽科技型中小微企业贷款担保责任险、贷款保证金等创新型科技保险产品的应用领域，加快发展科技企业出口信用保险业务，扩大出口信用保险规模。开发科技企业高管和科研团队年金、商业养老、人寿、健康、医疗等保险品种，发展首台套设备研发使用险、知识产权险，为企业研发生产提供保险保障。

乌鲁木齐市可申请设立保险交易中心，发挥保险资金规模庞大、来源稳定、投资期长、回报率较低的独特优势，使之成为科技创新与发展的投资来源。市政府相关部门可与本地法人保险公司总部、外地保险公司总部建立沟通联系机制，并定期召开会议，推介区域内的科技企业和股权投资项目。可效仿城市投资发展基金模式，该基金由中国人寿保险公司和苏州市政府共同合作发起设立，是我国首支区域性的保险股权投资基金。乌鲁木齐市人民政府可与有意愿的保险公司共同建立基金，引导保险资金向科技创新领域倾斜。

引进专业保险机构，加大保险网络在全疆的布局，优化保险产品与服务。鼓励设立保险代理公司、经纪公司和公估公司等各类保险中介机构，规范发展保险中介服务市场和兼业代理市场。参照政府对科技信贷、股权投资等的奖励政策，制定科技保险财税激励政策，将保险债权投资计划、股权投资计划等纳入财政奖励范围，按照一定比例对设立科技保险产品的保险资产管理公司支付资金奖励。

5. 风险投资

第一，引入和发展天使投资。乌鲁木齐市聚集了较多股权基金，但天使投资人较匮乏。可与北京中关村、武汉东湖、上海张江等地的天使投资组织合作打造新疆"丝绸之路经济带天使投资互联网联盟"，吸收经验丰富的风险银行家、商业伙伴、运营团队、律师等相关专业人士，实现信息共享，并出台专门的扶持和激励政策，提高天使投资行业整体的投资水平和放大效应。

第二，可吸收创业苗圃、孵化器、众创空间、加速器到创新企业总部的创新创业服务链，吸引风险投资基金和产业投资基金入驻，构建"科研成果→创新创业→骨干企业/特色企业→龙头企业"的良性成长环境，成为我国西北地区一流的以科技金融作为扶持的高端技术创业加速中心。

第三，设立风险补偿资金，委托专业的基金管理公司进行管理运作，对风险投资公司或天使投资人向科技企业投资失败的部分，核实额度后进行一定比例的财政补偿；在补偿比例上进行倾斜，鼓励引导风投机构和个人加大对种子期科技企业的股权投资；政府和科技股权投资基金协会共同搭建股权投资综合服务平台，藉此加强科技股权投资机构、基金与银行、保险、证券等金融部门，以及科技企业线上线下的对接，为科技企业提供基金、信贷、保险、股权投资等一站式、一体化和专业化的服务。

7.2 新疆科技金融政策系统动力学仿真

本节将用系统动力学方法，模拟分析财政科技投入、银行科技贷款、科技保险投入、科技企业债券、风险投资、科技企业证券市场融资6种金融投入主体的投资规模与结构变化对高新技术产值的影响。

7.2.1 方法概述

因系统动力学是研究社会系统动态行为最常用的计算机仿真方法，本节将用该方法对新疆科技金融政策进行仿真模拟。

系统动力学（system dynamics），最初名为"工业动力学"，是美国麻省理工学院的教授（J. W. Forrester）于 1958 年在其论文《工业动力学——决策的一个重要突破口》中提出的系统仿真方法。1968 年，在《系统原理》中，作者阐述了系统动力学的基本原理和方法，完成了系统动力学理论。作者及其学生从最初分析企业生产和库存管理入手，将系统动力的应用从工业领域向其他领域不断拓宽，先后提出研究全球发展问题的"世界模型"和美国国家模型，为宏观经济学和微观经济学搭建了一座桥梁。

系统动力学在系统论的基础上，汲取了信息论和控制论的精华，是一门横跨自然科学和社会科学的综合学科。它基于"有系统有就结构，结构决定功能"的系统科学思想，从系统内部着手来找寻问题根源、分析系统行为特征。从技术角度讲，它不是通过推演数学逻辑得到结果，而是根据系统的实际观测值建立动态仿真模型，通过计算机软件来验证模型的拟合度并预测系统未来的行为或走向。具体包括：①对系统进行剖析，在大量信息的基础上构建系统的因果关系反馈图，再转变成系统流图，建立系统动力学模型；②运用计算机仿真软件和语言对系统动力学模型进行模拟，完成对真实系统的仿真；③进行政策优化或政策分析，包括参数优化、结构优化和边界优化。参数优化就是通过改变系统中的参数来实现系统功能的优化；结构优化是指增加或减少模型中的水平变量或速率变量来实现系统功能的优化；边界优化是指通过改变系统边界及边界条件来实现系统功能的优化。

7.2.2　系统动力学流程图

科技金融支持创新的回路（见图 7.1、图 7.2）为：财政科技投入→银行科技贷款/风险投资/科技企业证券市场融资/科技保险投入/科技企业债券→企业科技经费投入→企业新产品、新技术、新工艺水平研发→高新技术产值/新产品销售收入→企业收入→财政科技投入。

在模型中参数设置及方程确定的过程中，部分变量由历史统计资料、国家标准直接得到；部分参数之间的数学函数关系通过建立回归方程确定；

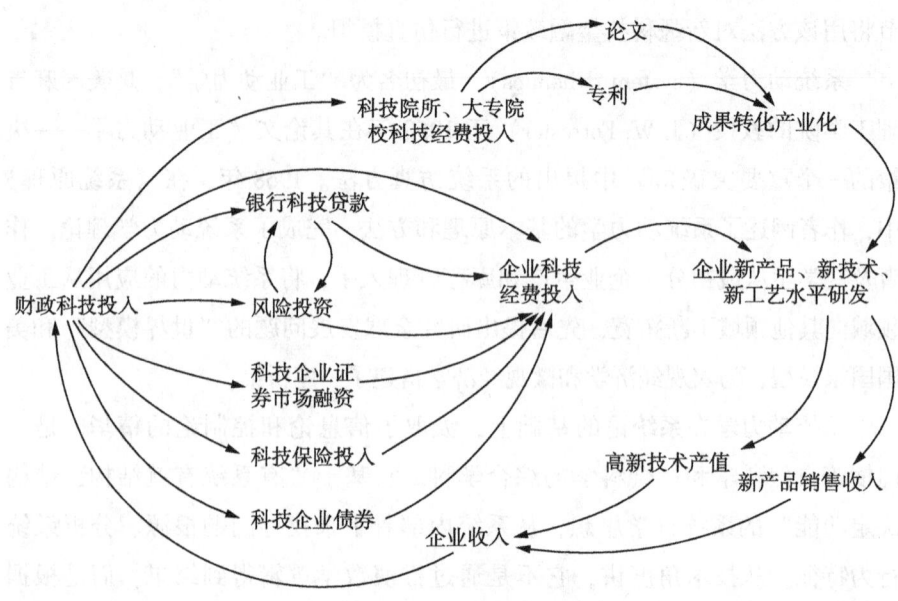

图 7.1　因果回路图

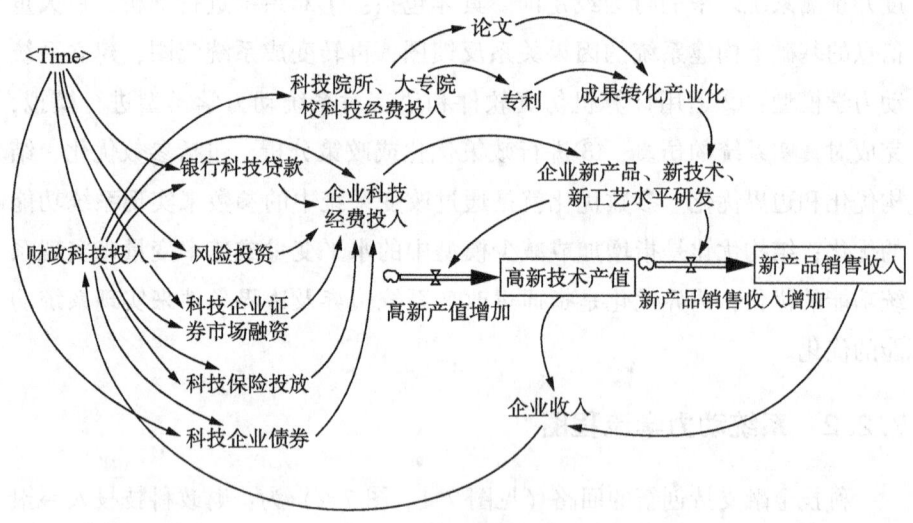

图 7.2　存量流量图

部分方程借鉴已有研究中的相关参数及成熟公式。

　　模型中设定时间期限是 10 年，初始时间为 2010 年，截止时间为 2020 年，时间步长为 1 年。

7.2.3　模型测试

对构建的模型进行现实性测试，得到结果如图 7.3 和图 7.4 所示，结论为"论文"和"高技术产值"两项与现实情况基本相符。

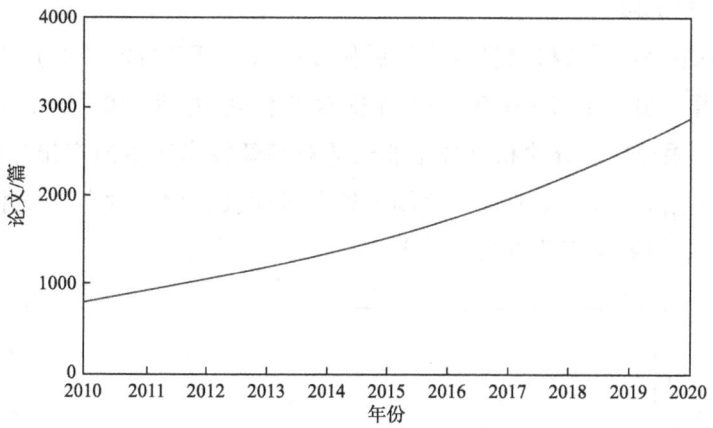

图 7.3　论文的现实性测试结果

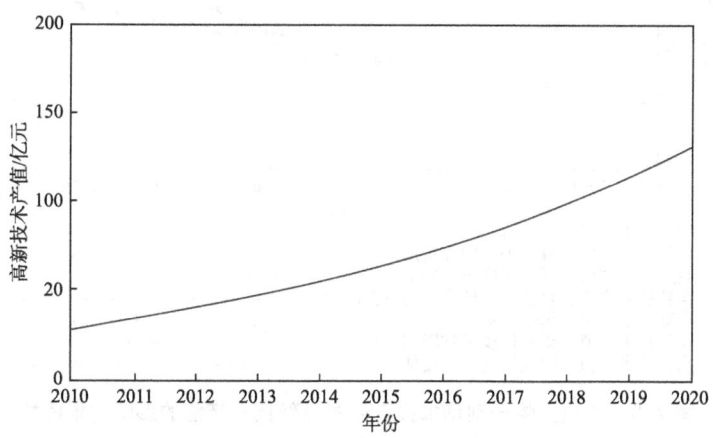

图 7.4　高新技术产值的现实性测试结果

7.2.4　情境设置与模拟

因"高新技术产值"比"论文"更能体现技术产业化、商品化的实际，本节将以"高新技术产值"作为因变量进行模拟测试。选取三种情境，分析财政科技投入、银行科技贷款、科技保险投入、科技企业债券、风险投资、科技企业证券市场融资6种金融投入主体的投资规模与结构变化对高新技术产值的影响。

情境一：从2015年始，分别增加6种金融投入主体25%的投入后对高新技术产值的影响。

模拟结果：财政科技投入增加后科技产出（高新技术产值）提高效果最为显著，预计到2020年，高新技术产值可达到110亿元左右（见图7.5）；银行科技贷款和科技企业债券对高新技术产值的产出作用次之。科技保险投入、科技企业证券市场融资和风险投资增加对高新技术产值有促进作用，但效果不及前三项显著。

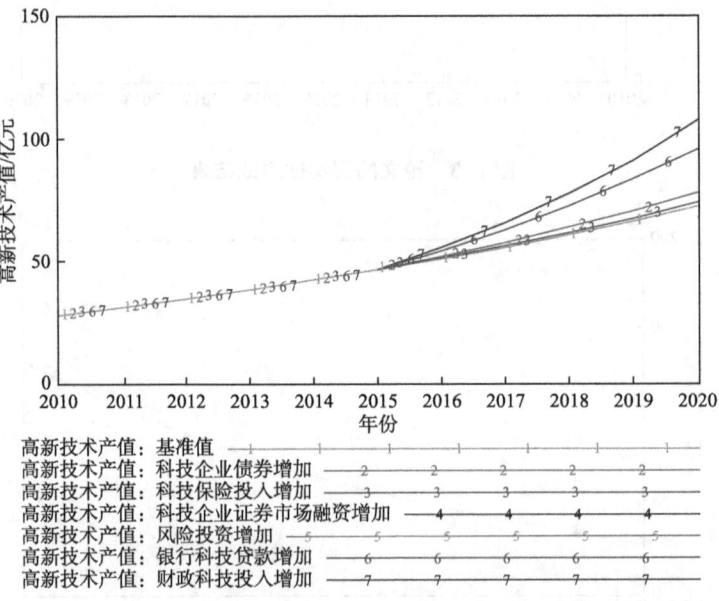

图7.5　投资主体分别增加投入后对高新技术产值的影响情景模拟

情境二：从2015年始，同时提高6个投资主体25%的投入之后对高新技术产值的影响。

模拟结果：同时增加6个投资主体25%的投入后，可以显著提升高新技术产值的增长。从图7.6可以看出，预计2020年，高新技术产值可达200亿元以上。

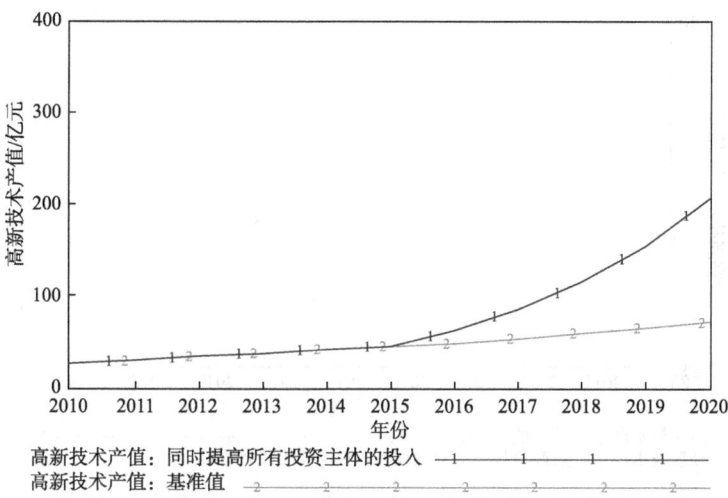

图 7.6　投资主体同时增加投入后对高新技术产值的影响情景模拟

　　情境三：从 2015 年始，财政科技投入增加 10%、银行科技贷款增加 20% 如图 7.7 所示；财政科技投入增加 10%、风险投资增加 20% 如图 7.8 所示；财政科技投入增加 10%、科技保险投入增加 20% 如图 7.9 所示。可以看出：三种组合均有助于促进高新技术产值的增长，与第一种情境——科技贷款、风险投资、保险投入单独增加 25% 相比，效果还要显著。

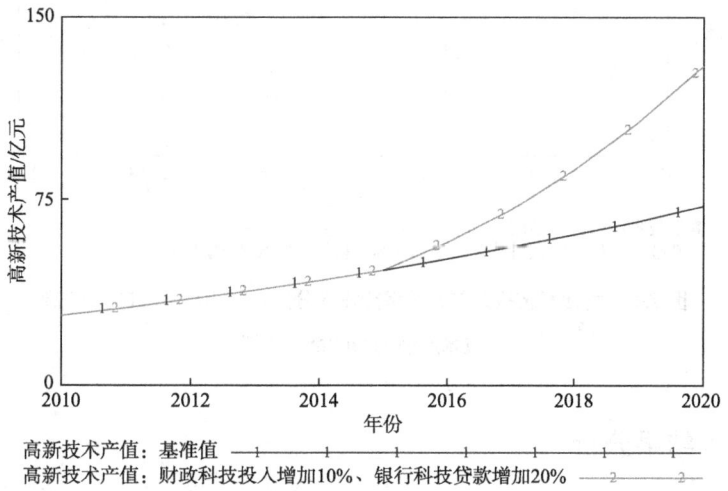

**图 7.7　财政科技投入与银行科技贷款分别增加 10% 和 20% 对高新
技术产值的影响情景模拟**

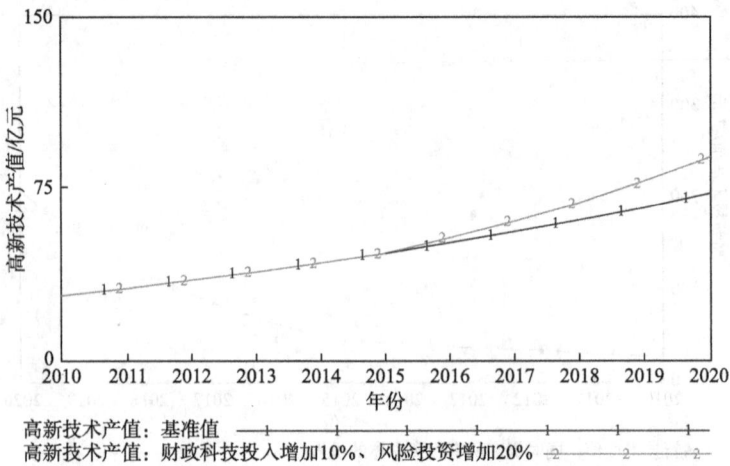

图 7.8 财政科技投入与风险投资分别增加 10% 和 20% 对高新
技术产值的影响情景模拟

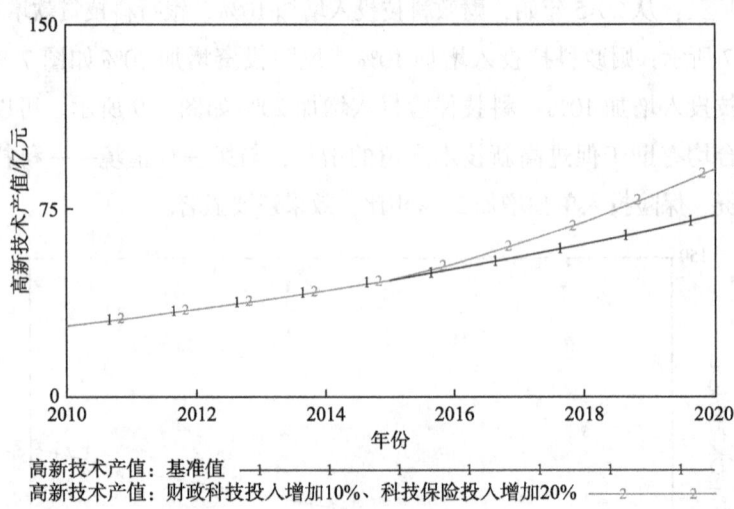

图 7.9 财政科技投入与科技保险投入分别增加 10% 和 20% 对高新
技术产值的影响情景模拟

7.2.5 结果分析

通过设置三种情境对高新技术产值的产出进行模拟，可以看出，投资主体投资规模与结构的变化对高新技术产值的增长均有不同程度的影响。

同时增加 6 项投资主体的投入比分别增加 6 项投资主体的投入，对高新技术产值的增长更有促进作用；分别增加投资主体的投资时，财政科技投入的增长比其他 5 项主体投入的增长更能促进高新技术产值的产出；财政收入增加 10% 与科技贷款、风险投资、保险投入分别增加 20% 的组合，对高新技术产值的促进作用比科技贷款、风险投资、保险投入单独增加 25% 还要显著。可见，通过财政资金引导其他投资主体更有助于科技产出的提升，这也进一步验证了前文提出的"科技基金+科技信贷+科企上市+风险投资+科技保险"为一体的"集成式科技金融模式"是切实可行的。

7.3　小结

本章基于前文分析，提出新疆科技金融发展可尝试"科技基金+科技信贷+科企上市+风险投资+科技保险"为一体的"集成式科技金融模式"和相关保障措施。该模式可在乌鲁木齐高新技术产业开发区和经济技术开发区先行先试，再依次沿乌鲁木齐市→乌昌石自主创新示范区→创新驱动发展试验区"五地七区"→全疆的路径递进。设计三种情境模拟分析投资主体增加投入后对高新技术产值的影响，结论是：同时增加财政科技投入、银行科技贷款、科技企业债券、风险投资、科技企业证券市场融资、科技保险投入比分别增加每一项投入，对高新技术产值更有促进作用；分别增加投资主体投资的模拟试验中，财政科技投入对高新技术产值产出增长作用最为显著；财政科技投入增加 10% 与科技贷款、风险投资、保险投入分别增加 20% 的组合，对高新技术产值的促进作用比科技贷款、风险投资、保险投入单独增加 25% 还要显著。可见，通过财政资金引导其他投资主体更有助于科技产出的提升，这进一步验证了"集成式科技金融模式"的可行性。

第8章

结论与展望

8.1 结论

本书在理论研究、文献调研、访谈问卷的基础上，构建了科技金融体系框架结构图，划分了我国科技金融体系发展阶段并提出驱动发展的五维概念模型；厘清了新疆科技金融发展现状及运行特征，对我国 31 省（自治区、直辖市）和新疆 14 地州市科技金融效率进行评价，结合国内外典型科技金融发展模式，提出了新疆未来科技金融发展模式及模式递进路径，并用系统动力学对新疆科技金融政策进行了仿真模拟。主要结论与创新点如下。

（1）在理论基础研究与文献调研的基础上，对科技金融的概念进行了界定。本书认为，"科技金融"是政府、金融部门、资本市场、社会资本和中介机构通过财政的、直接的、间接的或综合性的融资方式，支持促进企业、科研院所、大专院校进行技术创新活动（包括基础研究、应用开发、成果转化及产业化）的行为。科技金融与传统金融有本质上的区别：传统金融是在要素驱动或投资驱动经济短期发展的背景下，金融机构基于稳定性、安全性和收益性的平衡，投资于传统领域的以供给为主导的资金配置模式；而科技金融则是在技术驱动经济长期发展的背景下，金融机构和政府等多元主体在科技创新与产业化领域进行的以需求为主导的资金配置模式。

（2）分析了科技金融参与主体的目标、产品与交易关系，构建了科技金融体系框架结构图；将我国科技金融体系发展历程划分为萌芽阶段（1980—1989 年）、起步阶段（1990—1995 年）和成长阶段（1996 年至今）；结合新疆发展现状，认为新疆科技金融处于萌芽阶段。提出了驱动我国科技金融体系发展的五维概念模型（政府政策支持、金融创新驱动、科学技术变革、中介机构完善和经济长足发展），开发调查问卷和 Likert 量表，并用结构方程模型（SEM）对该概念模型进行了验证性因子分析。

（3）在调研访谈、问卷调查与案例分析的基础上，厘清了新疆科技金融发展的"5+4+2"模式，即自治区财政出资组建了 5 支引导基金（中小企业创新基金、科技风险投资专项资金、中科援疆创新创业基金、联合自然科学基金、新疆科技成果转化投资引导基金），成立了 4 家科技支行，建立了银政合作和推动企业上市 2 套机制；提出这种模式的运行特征，包括：政府统筹协调科技金融发展的能力比较薄弱；引导科技金融的财政资金总量不足与空间结构不均衡的矛盾同时存在；银行风险偏好不利于科技企业；金融产品创新滞后；股票市场对企业科技创新支持有限；债券和创业投资市场发展缓慢；企业直接融资比例低；企业技术创新能力弱，管理不完善；无形资产和信用评估体系滞后；融资担保体系需加大完善力度。

（4）运用 DEA 结合 Malmuquist 指数方法，对我国 31 省（自治区、直辖市）和新疆 14 地州市科技金融效率进行了分析评价，结论是：和北京、江苏、浙江等 DEA 相对有效的省市相比，新疆的综合效率、纯技术效率、规模效率都相对非有效。投影分析看出新疆效率低下的原因是：保费收入、科技贷款余额、上市科技企业市值、风险投资、财政科技、信用债 6 项投入指标均存在冗余，高技术产值、技术市场交易额、论文、新产品产值、专利 5 项产出指标存在不足。运用相同方法分析新疆 14 个地州市，得出昌吉、伊犁、阿勒泰、哈密、阿克苏 5 个地区 DEA 非有效。以效率相对较低的阿克苏为例进行投影分析，得出该地区保费投入存在严重冗余，论文、专利产出存在不足，应加大科技保险的力度，提高相关科技成果产出。

（5）在分析比较国内外科技金融典型模式的基础上，结合新疆实际，提出未来新疆科技金融发展的"科技基金+科技信贷+科企上市+风险投资+科技保险"为一体的"集成式科技金融模式"，提出该模式由乌鲁木齐高新技术产业开发区和经济技术开发区→乌鲁木齐市→乌昌石自主创新示范区→创新驱动发展试验区"五地七区"→全疆辐射递进的路径。设计两种情境，运用系统动力学模拟分析投资主体增加投入后对高新技术产值的影响，结论是：同时增加财政科技投入、银行科技贷款、科技企业债券、风险投资、科技企业证券市场融资、科技保险投入比分别增加每一项投入，对高新技术产值更有促进作用；分别增加投资主体投资的模拟试验中，财政科技投入对高新技术产值产出增长作用最为显著。

8.2 策略建议

8.2.1 设立机构完善法规

在自治区、乌鲁木齐市两级科技管理机构内部先行设立主管科技金融的业务部门，统筹协调科技与金融两方资源，推动本区域科技金融发展。出台并完善金融创新发展推进经济"调转促"、金融服务实体经济、支持企业融资专项资金、促进金融科技产业融合发展、科技型中小微企业投融资机制的政策法规。此外，出台科技企业直接间接融资的法规，建立健全风险投资基金、科技股权投资基金、知识产权质押担保基金和科技企业信用互助担保基金的运营管理及法律规范，以及科技保险和股权交易中心的政策配套文件。完善税收激励和奖励政策，对种子期、初创期科技企业自主创新的融资需求倾斜扶持。

8.2.2 培育中介服务机构

新设或引入财务顾问、投资咨询、保险代理、保险经纪机构，支持发展一批信用评级机构、律师事务所、会计师事务所、审计机构、保险公估、资产评估、公证机构。继续加大对各类孵化器、众创空间、加速器的扶持，使之成为种子期、初创期企业成长的摇篮。支持设立和发展各类金融商会、促进会等非营利性金融业组织。建立政府出资建设的政策性担保与财政补贴或税收优惠的商业性担保互补的科技型企业信用担保体系，鼓励已有的担保公司设立为科技企业进行专项服务的部门。

8.2.3 建设信息服务平台

依托高新区"金融港"、经开区"绿谷金融港"打造一站式科技金融综合服务平台和科技股权众筹平台。科技金融综合服务平台为政府、企业、金融和中介分别提供信息发布、交易对接、公共征信、产品设计等服务，来减少科技成果和金融产品、服务之间的信息不对等，提高金融供需的匹配效率，优化金融要素的配置。同时，配套建设线下金融超市，提供一站式推介、金融业务受理、专业中介服务等全链条投融资落实执行相关服务。科技股权众筹交易平台通过"线上科技金融"模式，在严控风险的基础上，使更多的游离社会资本参与科技产业的投融资。

8.2.4 培养科技金融人才

据普华永道关于全球 2017 年科技金融人才调查显示，国内 71% 的机构在科技金融人才招募上存在困难。新疆作为西部欠发达地区，更要在引进、培养、使用稀缺性的科技金融人才方面下功夫。首先，加大引进、培养人才的资金投入，建立科技金融人才专项引进和流动基金，在内地招聘新疆籍或有新疆情结的科技金融人才返疆，从事新疆科技金融实践或高校人才培养工作。整合新疆高校相关专业，将金融宏观发展、运用金融工具、创新金融产品、防范金融风险等金融业务操作能力与评估技术创新、判断产品市场、分析生命周期、熟悉公司治理等技术创新与产业把控能力作为专业重点，培养多元化需求的科技金融本土梯队。发挥众创空间、孵化器等平台科技与金融直接对接、线上与结下对接的优势，在创业大军中培育实战型科技金融人才。

8.3 展望

科技金融体系庞大，涉及的参与主体多、需求各异，研究起来有一定难度，加之本人理论水平与研究能力有限，在本书写作过程中深感存在诸多不足，比如，在科技金融效率测算中，只考虑到各主体资金的投入，没有将科研人员投入作为一项指标进行考量；因微观数据鲜有官方统计，没能从更细分、更微观的视角进行深入研究。今后可在以下几方面进行进一步研究与探讨：

（1）科技金融体系中，资金供给方（政府、银行、证券、风投、债券、保险）与需求方（企业、科研院所大专院校）以及供给方之间、需求方之间的博弈分析研究。

（2）科技金融对新疆新材料、新能源、生物医药、节能环保、电子信息、装备制造等不同高新技术产业的支持路径与效率研究，以便为资金供给方制定差异化的产业支持政策提供决策依据。

（3）互联网金融对新疆科技型中小企业的融资影响、对技术创新的支持及风险防范研究。

参考文献

曹颢，尤建新，2011. 我国科技金融发展指数实证研究 [J]. 中国管理科学，19（3）：134-140.

曹洋，陈世俊，王雪平，2007. 科技中介组织在国家创新系统中的功能定位及其运行机制研究 [J]. 科学学与科学技术管理（4）：20-24.

陈军梅，2014. 基于 DEA-Malmuquist 指数方法的宁夏科技金融结合效率研究 [J]. 宁夏大学学报（人文社会科学版），36（4）：141-146.

陈凯，肖莺，付永红，2013. 江苏科技和金融结合效益评价研究 [J]. 科技管理研究（14）：77-81.

陈凯华，官建成，寇明婷，康小明，2013. 网络 DEA 模型在科技创新投资效率测度中的应用研究 [J]. 管理评论，25（12）：3-14.

陈伟，张长孝，李传云，冯志军，2017. 基于 DEA-Malmuquist 指数的高新技术产业技术创新效率评价研究 [J]. 科技管理研究（23）：1-6.

陈艳声，2008. 我国人力资源与创新资金对创新能力的实证分析 [J]. 中国高新技术企业（15）：1-2.

程慧平，2015. 中国省际 R&D 创新与转化效率实证研究 [J]. 管理评论，27（4）：29-37.

崔毅，赵韵琪，杨丽萍，赵兵，2010. 基于 DEA 方法的广东科技与金融结合效益评价 [J]. 华南理工大学学报（社会科学版），12（2）：10-13.

戴志敏，郑万腾，杨斌斌，2017. 科技金融效率多尺度视角下的区域差异分析 [J]. 科学学研究（9）：1326-1333.

邓平，2009. 中国科技创新的金融支持研究 [D]. 武汉：武汉理工大学.

段世德，徐璇，2011. 科技金融支撑战略性新兴产业发展研究 [J]. 科技进步与对策，28（14）：66-69.

段世德，2017. 科技金融人才培育的路径选择研究 [J]. 西南金融（12）：71-76.

房汉廷，2011. 促进科技金融深化发展的几个关键问题 [J]. 中国科技产业（1）：49-51.

房汉廷. 关于科技金融理论、实践与政策的思考 [J]. 中国科技论坛，2010（11）：5-10，23.

龚传洲，陆彩兰，胡建生，2012. 我国科技创新融资支持的实证分析［J］. 研究与发展管理（5）：109-116.

辜胜阻，2000. 风险投资孵化高科技产业的制度创新［J］. 科技进步与对策（9）：5-7.

韩贺洋，周全，韩俊华，2017. 政策性金融支持科技型小微企业的运行机理及路径［J］. 科学管理研究（6）：107-109.

和瑞亚，张玉喜，2014. 中国科技金融对科技创新贡献的动态综合估计研究——基于自向量回归模型的实证分析［J］. 科技管理研究（8）：60-64.

贺永正，2015. 科技金融促进科技创新和经济发展的效率测度——以江苏省为例［J］. 金融教学与研究（5）：51-54.

胡苏迪，蒋伏心，2012. 科技金融理论研究的进展及其政策含义［J］. 科技与经济（3）：61-65.

黄瑞芬，杜绪沅，2015. 基于 DEA 方法的我国沿海各省科技金融绩效评价［J］. 金融发展研究（4）：35-39.

黄宪，熊福平，2006. 外资金银行在中国发展的经营动机和经营策略分析［J］. 国际金融研究（8）：54-59.

江春，张秀丽，2010. 金融发展与企业家精神：基于中国省级面板数据的实证检验［J］. 广东金融学院学报，25（2）：62-69.

江涛，傅新红，蒋谦，2008. 四川省财政科技投入与自主创新关系的协整分析［J］. 科技管理研究（12）：27-29.

江伟，李斌，2006. 制度环境，国有产权与银行差别贷款［J］. 金融研究（11）：116-126.

管涛，1996. 金融结构与金融发展［M］. 上海：上海人民出版社.

金珊珊，2014. 金砖国家科技创新金融支持体系研究［D］. 大连：东北财经大学.

卡萝塔·佩蕾丝，2007. 技术革命与金融资本——泡沫与黄金时代的动力［M］. 北京：中国人民大学出版社.

李春艳，2005. 商业银行的作用不容轻视［N］. 中国经济导报，03-29（C02）.

李海东，胡国松，2017. 基于 DEA 模型的高校科技创新效率评价——以石油类高校为例［J］. 科技与经济（2）：36-40.

李津，2012. 科技金融发展的问题与对策［D］. 武汉：湖北工业大学.

李苗苗，肖洪钧，赵爽，2015. 金融发展、技术创新与经济增长的关系研究［J］. 中国管理科学（1）：163-168.

李若愚，2015. 我国银行体系支持科技创新的现状、问题及政策建议［J］. 金融与经济（6）：84-88.

李文博, 2011. 我国科技中介服务体系与发达国家的差距及对策 [J]. 中国科技论坛 (7): 153-160.

李希义, 房汉廷, 2008. 我国科技型上市公司的创新性 [J]. 经济管理 (11): 22-27.

李雅丽, 2013. 基于 DEA 模型的科技金融投入产出效率研究 [D]. 南昌: 江西师范大学.

李颖, 凌江怀, 王春超, 2009. 金融发展对国内科技创新影响的理论与实证研究——基于对广东省面板数据的分析 [J]. 科技进步与对策 (23): 9-15.

李湛, 曹萍, 2009. 银行主导融资下企业债券市场的发展: 替代还是互补——从契约期限看银行贷款和企业债券的选择 [J]. 当代财经 (6): 59-65.

林毅夫, 李永军, 2001. 中小金融机构发展与中小企业融资 [J]. 经济研究 (1): 10-12.

卢珊, 赵黎明, 2011. 基于协同理论的创业投资机构与科技型中小企业演化博弈分析 [J]. 科学学与科学技术管理 (7): 120-123.

卢亚娟, 褚保金, 2010. 农村中小企业贷款可获性的实证分析——基于江苏省宜兴市的调研 [J]. 经济学动态 (3): 44-47.

芦锋, 韩尚容, 2015. 我国科技金融对科技创新的影响研究——基于面板模型的分析 [J]. 中国软科学 (6): 139-147.

罗亚非, 焦玉灿, 戎莉, 2006. 基于 C2R 模型的高技术行业科技活动绩效评价 [J]. 科技管理研究 (3): 151-154.

吕江林, 王新龙, 宋高堂, 2012. 中部地区与东部发达省市科技与金融结合效率的比较研究——基于 DEA 模型的分析 [J]. 金融与经济 (10): 7-11.

吕炜, 2002. 论风险投资机制的技术创新原理 [J]. 经济研究 (2): 48-56.

马克·杜茨, 2009. 释放印度的创新潜力——实现可持续性和包容性增长 [M]. 张传良译. 北京: 中信出版社.

中共中央编译局, 1972. 马克思恩格斯全集 [M]. 北京: 人民出版社.

马卫刚, 张红丽, 2014. 新疆科技与金融结合效益评价研究 [J]. 新疆社会科学 (6): 35-39.

马卫刚, 2014. 我国科技与金融结合效益评价 [J]. 科技管理研究 (20): 43-47.

毛道维, 毛有佳, 2015. 科技金融的逻辑 [M]. 北京: 中国金融出版社.

毛有碧, 2009. 民营科技企业融资: 理论实证研究 [D]. 成都: 西南财经大学.

彭素芬, 2013. 风险投资对高新技术产业发展影响的实证研究——基于中国数据的检验 [J]. 中国证券期货 (5): 49-57.

钱水土, 张宇, 2017. 科技金融发展对企业研发投入的影响研究 [J]. 科学学研究 (9):

1320-1325.

钱志新, 2010. 产业金融 [M]. 南京：江苏人民出版社.

阙方平, 曾繁华, 王飞, 2015. 中国科技金融创新与政策研究 [M]. 北京：中国金融出版社.

阙紫康, 2007. 多层次资本市场发展的理论与经验 [M]. 上海：上海交通大学出版社.

任红, 2010. 基于物流金融协同的仓储管理应用研究 [D]. 济南：山东大学.

荣婷婷, 赵峥, 2015. 区域创新效率与金融支持的实证研究 [J]. 统计与决策 (7)：159-162.

时鹏将, 许晓雯, 蔡虹, 2004. R&D 投入产出效率的 DEA 分析 [J]. 科学学与科学技术管理 (1)：28-30.

苏杭, 2008. 日本中小企业发展与中小企业政策 [M]. 北京：中国社会科学出版社.

苏盛安, 赵付民, 2005. 政府科技投入对我国技术进步的贡献 [J]. 科技管理研究 (9)：4-7, 11.

孙伍琴, 朱顺林, 2008. 金融发展促进技术创新的效率研究——基于 Malmuquist 指数的分析 [J]. 统计研究, 25 (3)：46-50.

汤继强, 2011. 中小企业梯形融资模式实务运作与案例分析 [M]. 北京：华夏出版社.

田霖, 2005. 科技力与区域金融综合竞争力的模糊曲线分析 [J]. 重庆大学学报 (社会科学版), 11 (4)：44-48.

童藤, 2013. 金融创新与科技创新的耦合研究 [D]. 武汉：武汉理工大学.

王海, 叶元煦, 2003. 科技金融结合效益的评价研究 [J]. 管理科学, 16 (2)：67-72.

王莉, 2007. 技术创新、金融结构与新经济发展 [M]. 北京：经济科学出版社.

王霄, 张捷, 2003. 银行信贷配给与中小企业贷款———一个内生化抵押品和企业规模的理论模型 [J]. 经济研究 (7)：68-75.

王艳霞, 周礼, 2013. 中小企业集合债券新模式——区域集优债券 [J]. 经营与管理 (9)：82-85.

王元等, 2015. 中国创业风险投资发展报告 2015 [M]. 北京：经济管理出版社.

魏权龄, 2000. 数据包络分析 [J]. 科学通报, 45 (17)：1793-1808.

温瑶, 2016. 科技金融投入对技术创新产出影响的研究 [D]. 大连：大连理工大学.

吴和成, 郑垂勇, 2003. 科技投入产出相对有效性的实证分析 [J]. 科学管理研究 (6)：93-96.

吴群, 2009. 中小企业关系型融资的机制创新与现实意义 [J]. 现代经济探讨 (10)：31-34.

吴瑞祥, 2011. 资本市场对企业技术创新的影响研究 [D]. 武汉：武汉大学.

吴莹, 2010. 中国科技金融的体系构建与政策选择——基于演化经济学的研究 [D]. 武汉：武汉大学.

肖泽磊，韩顺法，易志高，2011. 我国科技金融创新体系的构建及实证研究——以武汉市为例 ［J］. 科技进步与对策，28（18）：6-11.

谢康，1994. 西方微观信息经济学述评 ［J］. 经济学动态（2）：68-73.

谢友才，2005. 基于典则相关分析的科技投入产出效率 ［J］. 统计与决策（2）：10-11.

熊彼特，2008. 经典通读第二辑：经济发展理论 ［M］. 北京：北京出版社.

徐鲲，2012. 基于协同理论的高科技中小企业集合债融资问题研究 ［J］. 科技与管理，14（1）：82-86.

徐义国，2008. 以创业投资机制为主导构建科技金融服务体系 ［J］. 中国科技投资（5）：64-66.

许治，师萍，2007. 我国 R&D 投入绩效的实证研究 ［J］. 中国软科学（6）：125-130.

寻舸，邱晓天. 论制度因素对科技金融区位优势的影响 ［J］. 科学与管理，2015，35（5）：3-7.

杨华，程华，2008. 政府科技投入对企业 R&D 支出影响的实证分析 ［J］. 经济论坛（1）：4-6.

杨青，彭金鑫，2011. 创业风险投资产业和高技术产业共生模式研究 ［J］. 软科学（2）：11-14.

叶耀明，王胜，2007. 金融中介对技术创新促进作用的实证分析——基于长三角城市群的面板数据研究 ［J］. 商业研究（8）：106-110.

于国庆，2015. 科技金融-理论与实践 ［M］. 北京：经济管理出版社.

余筱箭，李松涛，俞自由，2003. 养老保险基金的投资策略分析 ［J］. 科技进步与对策（10）：160-162.

俞立平，2013. 省际金融与科技创新互动关系的实证研究 ［J］. 科学学与科学技术管理（4）：88-97.

俞立平，2013. 中国区域信息经济的技术进步与效率测度研究 ［J］. 科学学与科学技术管理，34（1）：78-84.

苑泽明，郭景先，侯雪莹，2015. 我国科技金融政策评价研究：构建理论分析框架 ［J］. 科技管理研究（15）：69-75.

曾江洪，王庄志，崔晓云，2013. 基于 SVM 的中小企业集合债券融资个体信用风险度量研究 ［J］. 中南大学学报（社会科学版），19（2）：8-11.

张诚，王欢明，柯昌华，2015. 科技型中小企业金融资源的配对优化研究——基于企业生命周期理论视角 ［J］. 技术经济与管理研究（6）：34-38.

张凤海，侯铁珊，2008. 技术创新理论评述 ［J］. 东北大学学报，10（2）：101-106.

张林，2016. 金融业态深化、财政政策激励与区域实体经济增长 ［D］. 重庆：重庆大学.

张明龙，2015. 我国金融支持科技创新的效率评价——基于超效率 DEA 与 Malmuquist 指数方法 ［J］. 金融发展研究（8）：18-25.

张维迎，1996. 博弈论与信息学 ［M］. 上海：上海人民出版社，上海三联书店.

张晓燕，2012. 金融产业集聚及其对区域经济增长的影响研究 ［D］. 济南：山东大学.

张亚光，1996. 中国科技金融学 ［M］. 昆明：云南教育出版社.

张玉明，刘德胜，2009. 区域创新网络与中小型科技企业技术创新关系实证 ［J］. 科技管理研究（11）：47-49.

张玉喜，赵丽丽，2015. 中国科技金融投入对科技创新的作用效果——基于静态和动态面板数据模型的实证研究 ［J］. 科学学研究，33（02）：177-184+214.

章思诗，李姚矿，2017. 基于 DEA—Tobit 模型的科技金融效率影响因素研究 ［J］. 科技管理研究（6）：29-34.

赵昌文，陈春发，唐英凯，2009. 科技金融 ［M］. 北京：科学出版社.

赵昌文，2014. 科技金融文集 ［M］. 北京：中国金融出版社.

赵杨，吕文栋，2011. 科技保险试点三年来的现状、问题和对策——基于北京、上海、天津、重庆四个直辖市的调查分析 ［J］. 科学决策（12）：1-24.

肇启伟，付剑峰，刘洪江，2015. 科技金融中的关键问题——中国科技金融 2014 年会综述 ［J］. 管理世界（3）：164-167.

郑予洪，2013. 关于经济增长理论的简明述评 ［J］. 商业经济（2）：9-11.

郑玉航，李正辉，2015. 中国金融服务科技创新的有效性研究 ［J］. 中国软科学（7）：127-136.

中国科技金融生态年度观察课题组，2015. 中国科技金融生态年度观察 ［R］.

周颖，2009. 中小企业集合债券研究 ［D］. 长沙：中南大学.

朱大伟，雷良海，2012. 我国财政科技支出结构优化探讨 ［J］. 科学管理研究，30（2）：66-70.

邹樵，2011 中国高新区企业孵化器的盈利模式及投融资风险控制分析 ［J］. 经济研究导刊（28）：222-224.

ABBOTT M，DOUCOULIAGOS C，2003. The efficiency of Australian universities：A Data Envelopment Analysis ［J］. Economics of Education Review（22）：89-97.

AGHION P，HOWIIT P M，2005. The Effect of Financial Development on Convergence：Theory and Evidence ［J］. The Quarterly Journal of Economics，120（1）：173-222.

AKERLOF G A, 1970. The Market for "Lemons": Quality Uncertainty and the Market Mechanism [J]. The Quarterly Journal of Economics, 84 (3): 488-500.

ALESSANDRA C, STONEMAN P, 2008. Financial Constraints to Innovation in the UK: Evidence from CIS2 and CIS3 [J]. Oxford Economic Papers, 60 (4): 711-730.

ANG J B, 2010. Research, Technological Change and Financial Liberalization in South Korea [J]. Journal of Macroeconomics, 32 (1): 457-468.

ATANASSOV J, NANDA V K, SERU A, 2007. Finance and Innovation: the Case of Publicly Traded Firms [R]. Unpublished Working Paper, University of Michigan.

AYDOGAN A, 2006. How Persistent is the Impact of Market Timing on Capital Structure? [J]. Journal of Finance (61): 1540-1678.

BENCIVENGA V, SMITH B, START R, 1995. Transactions Costs, Technological Choice and Endogenous Growth [J]. Journal of Economic Theory, (67): 153-177.

BENFRATELLO L, SCHIANTARELLI F, SEMBENELLI A, 2008. Banks and innovation: Microeconometric evidence on Italian firms [J]. Journal of Financial Economecs, 90 (2): 197-217.

BERGER A N, UDELL G F, 2002. Small Business Credit Availability and Relationship Lending: The Importance of Bank Organizational Structure [J]. Economic Journal, Royal Economic Society, 112 (477): F32-F53.

BLACK B S, GILSON R J, 1998. Venture Capital and the Structure of Capital Markets: Banks Versus Stock Markets [J]. Journal of Financial Economics, (47): 243-277.

BOOT A W A, THAKOR A V, 2000. Can Relationship Banking Survive Competition? [J]. Journal of Finance, 4 (2): 679-713.

BROWN W O, HELLAND E, SMITH J K, 2006. Corporate Philanthropic Practices [J]. Journal of Corporate Finance, 12 (5): 855-877.

BUSOM I, 2000. An Empirical Evaluation of R&D Subsidies [J]. Economics of Innovation and New Technology, (9): 111-148.

CALDERON C, LIU L, 2003. The Direction of Causality between Financial Development and Economic Growth [J]. Journal of Development Economic, 72 (1): 321-334.

CHERCHYE L, ABEELE P V, 2005. On Research Efficiency: A Micro Analysis of Dutch University Research in Economic and Business Management [J]. Research Policy, (34): 495-516.

DARIN M, PENAS M, 2015. Venture Capital and Innovation Strategies [R]. Tilburg

University, Tilburg Law and Economic Center.

DAVIS L E, NORTH D C, 1971. Institutional Change and American Economic Growth [M]. Cambridge: Cambridge University Press.

DENIS D J, MIHOV V T, 2003 . The Choice Among Bank Debt, Non- bank Private Debt, and Public Debt: Evidence from New Corporate Borrowings [J]. Journal of Financial Economics, 70 (1): 3-28.

DIRK C, 2004. The Lind Between R&D Subsidies, R&D Spending and Technological Performance [R]. ZEW Discussion.

DIXON D B, HU W, 2002. Technological Change, Entry, and Stock-market Dynamics: An Analysis of Transition in a Monopolistic Industry [J]. American Economic Review, 92 (2): 231-235.

DUCHIN F, HAGEMANN H, LANDESMANN M, et al, 2003. Technological Development and Rates of Return to Investment in a Catching-up Economy: The Case of South Korea [J]. Structural Change and Economic Dynamics, (14): 405-425.

ENGEL D, KEILBACH M, 2002. Firm Level Implications of Early Stage Venture Capital Investment: An Empirical Investigation [R]. ZEW Discussion paper, 02-82: 21.

ENRICO C, 1999. The Debt Structure of Small Business Owned by Women in 1987 and 1993 [J]. Journal of Small Business Management, 37 (2): 1-19.

FAMA E F, 1970. Efficient Capital Markets - Reviewof Theory and Empirical Work [J]. Journal of Finance, 25 (2): 393-423.

FANG V W, TIAN X, TICE S, 2014. Does Stock Liquidity Enhance or Impede Firm Innovation? [J]. Journal of Finance, 69 (5): 2085-2125.

FARE R, GROSSKOPF S, 2002. Two Perspectives on DEA: Unveiling the Link Between CCR and Shephard [J]. Journal of Productivity Analysis, 17 (1-2): 41-47.

FARE R, GROSSKOPF S, NORRIS M, 1997. Productivity Growth, Technical Progress, and Efficiency Change in Industrialized Countries: Reply [J]. American Economic Review, (87) 5: 1040-1043.

FONTANA R, GEUNA A, Matt M, 2006. Factors Affecting University Industry R&D Projects: The Importance of Searching , Screening and Signaling [J]. Research Policy, 35 (2): 309-323.

FORRESTER J W, 1958. Industrial Dynamics - A Major Breakthrough for Decision Makers [J]. Harvard Business Review, 36 (4): 37-56.

FORRESTER J W, 1968. Industrial Dynamics – After the 1st Decade [J]. Management Science, 14 (7): 398-415.

FRANKLIN A, 1993. Stock Markets and Resource Allocation in Collin Mayer and Xavier Viveseds. Capital Market and Financial Intermediaries [M]. Cambridge, England: Cambridge University Press.

FRANKLIN A, DOUGLAS G, 1991. Arbitrage, Short Sales and Financial Innovation [J]. Econometrica, 59 (4): 1041-1068.

FREEMAN N C, 2002. Continental, National and Sub-national Innovation Systems [J]. Research Policy, 31 (2): 191-211.

GERARD G, GANESH N P, 2003. Developmental Financial Institutions as Technology Policy Instruments: Implications for Innovation and Entrepreneurship in Emerging Economies. Research Policy, 32 (1): 89-108.

GERSCHENKRON A, 1962. Economic Backwardness In Historical Perspective [M]. The Belknap Press Of Harvard Univ. Press.

GIANNETTI C, 2012. Relationship Lending and Firm Innovativeness [J]. Journal of Empirical Finance, 19 (5): 762-781.

GOMPERS P A, 1995. Optimal Investment, Monitoring and the Staging of Venture Capital [J]. Journal of Finance, 50 (5): 1461-1491.

GORMAN M, SAHLMAN W A, 1989. What do Venture Capitalists Do [J]. Journal of Business Venturing, 4 (4): 231-248.

GUELLEC D, POTTERIE B V P D L, 2004. From R&D to Productivity Growth: Do the Institutional Settings and the Source of Funds of R&D Matter? [J]. Oxford Bulletin of Economics and Statistics, 66 (3) : 353-378 .

HALL C, FANG L, 2004. The Role of Banks in Supporting the Growth of SMEs in APEC: Public Private Partnerships to Create a more Conductive Entrepreneurial Environment in Asia [C]. Asian Studies Association of Australian 15th Biennial Conference.

HAMBERG D, 1966. Economics of Research and Development [J]. American Economic Review, 56 (4): 963-965.

HANCOCK D, PEEK J, WILCOX J A. The Repercussions on Small Banks and Small Businesses of Bank Capital and Loan Guarantees [D]. Financial Institutions Center, Wharton University, 2007.

HELLMANN T, PURI M, 2000. The Interaction between Product Market and Financing Strategy: the Role of Venture Capital [J]. Review of Financial Studies, 13 (4): 959-984.

HELLMANN T, PURI M, 2000 . The Interaction between Product Market and Financing Strategy: The Role of Venture Capital [J]. Review of Financial Studies, 13 (4): 959-984.

HELLWIG M, 1991. Banking, Financial Intermediation and Corporate Finance in A. Giovannini and C. Mayer (eds.) [M]. European Financial Intermediation. Cambridge: Cambridge University Press.

HERRERA A M, MINETTI R, 2007. Informed Finance and Technological Change: Evidence from Credit Relationships [J]. Journal of Financial Economics, 83 (1): 223-269.

HINKIN T R, TRACEY J B, ENZ C A, 1997. Scale Construction: Developing Reliable and Valid Measurement Instruments [J]. Journal of Hospitality and Tourism Research, 21 (1): 100-120.

HSU P H, XUAN T, YAN X, 2014. Financial Development and Innovation: Cross-country Evidence [J]. Journal of Financial Economics, 112 (1): 116-135.

JEONG H, TOWNSEND R M, 2007. Sources of TFP Growth Occupational Choice and Financial Deepening [J]. Economic Theory, 32 (1): 179-221.

JERZMANOWSKI M, NABAR M, 2008. Financial Development and Wage Inequality: Theory and Evidence. Mpra Paper, 51 (1): 211-234.

JOHANSON G A, BROOKS G P, 2009. Initial Scale Development: Sample Size for Pilot Studies [J]. Educational and Psychological Measurement, 70 (3): 394-400.

JOHNSON P, 1992. Social Risk and Social Welfare in Britain [R]. Economic History Working Papers.

KAMIENMI S, 1975. Market Structure and Innovation: A Survey [J]. Journal of Economic Literature, 13 (1): 1-37.

KAMIENMI S, 1976. On the Degree of Rivalry for Maximum Innovative Activity [J]. Quarterly Journal of Economics, 90 (2): 245-260.

KAPLAN S N, STROMBERG P, 2003. Financial Contracting Theory Meets the Real World: An Empirical Analysis of Venture Capital Contracts [J]. The Review of Economic Studies, 70 (2): 281-315.

KING R G, LEVINE R, 1993. Finance, Entrepreneurship and Growth: Theory and Evidence [J]. Journal of Monetary Economics, 32 (3): 513-542.

KORHONEN P, TAINIO R, WALLENIUS J, 2001. Value Efficiency Analysis of Academic Research [J]. European Journal of Operational Research, 130 (1): 121-132 .

KORTUM S, LERNER J, 1998. Does Venture Capital Spur Innovation [R/OL]. NBER Working Paper. http://ssrn.com/abstract=10583.

KWAK S J, YOO S H, RYU M H, 2004. The Role of the National Recycling Utility in the Koreaneconomy [J]. International Journal of Environment & Pollution, 21 (5): 457-470.

LAEVEN L, LEVENE R, MICHALOPOULOS S, 2010. Financial Innovation and Endogenous Growth [R]. Unpublished working paper. IMF, Berkeley University and Brown University.

LELEUX B, SURLEMONT B, 2003. Public Versus Private Venture Capital: Seeding of Crowding Out? A Pan-European Analysis [J]. Journal of Business Venturing, (18): 81-104.

LEVEN R C, REISS P C, 1984. Tests of a Schumpeterian Model of R&D and Market Structure [J]. Nber Chapters.

LEVY D M, NESTOR E, TERLECKY J, 2001. Effects of Government R&D Subsidies to Firms in the Flemish Region [R]. CESIT paper (1).

LINK A N, 1982. An Analysis of the Composition R&D Spending [J]. Southern Economic Journal, 49 (2): 342-349.

LINTNER J, 1965. The Valuation of Risk Assets and The Selection of Risky Investments in Stock Portfolios and Capital Budgets [J]. Review of Economics and Statistics, 47 (1): 13-37.

LOOF H, HESHMATI A, 2005. The Impact of Public Funding on Private R&D Investment: New Evidence from a Firm Level [R]. Stockholm: CESIS Electronic Working Paper Series. Paper No. 06.

LOZANO-VIVAS A, PASTOR J P, PASTOR J M, 2002. An Efficiency Comparison of European Banking Systems Operating under Different Environmental Conditions [J]. Journal of productivity analysis, (18): 59-77.

MACEY J, MILLER G, 1997. Universal Banks are not the Answer to America's Corporate Governance Problem [J]. Journal of Applied Corporate Finance, 9 (4): 57-73.

MANSFIELD E, SWITZER L, 1984. Effects of Federal Support on Company-Financed R&D: The Case of Energy [J]. Management Science, 30 (5): 562-571.

MANSFIELD R, SCHWARTZ M, 1982. Technology Transfer, Productivity, and Economic Policy [M]. New York: Norton.

MANTEL S J, MANSFIELD E, RAPOPORT J, SCHNEE J, 1971. Research and Innovation in the Modern Corporation [M]. New York: Norton.

MATTHIAS A, DIRK C, 2003. The Effects of Public R&D Subsidies on Firms Innovation Activities: The Case of Eastern Germany [J]. Journal of Business and Economic Statistics

(2): 226-236.

MICHELACCI C, SUAREZ J, 2004. Business Creation and the Stock Market [J]. Review of Economic Studies, 71 (2): 459-481.

MOSSIN J, 1966. Equilibrium in a Capital Asset Market [J]. Econometrica, 34 (4): 768-783.

MYERS S C, 1984. The Capital Structure Puzzle [J]. The Journal of Finance, 39 (3): 575- 592.

NAKAMURA M M, 1999. Banks and Corporate Control in Japan [J]. Journal of Finance, 54 (1): 319-339.

NELSON R R, WRIGHT G, 1992. The Rise and Fall of American Technological Leadership: The Postwar Erain Historical Perspective [J]. Journal of Economic Literature, 30 (4): 1931-1964.

NORTH D C, 1992. Institutions, Ideology and Economic Performance [J]. CATO Journal, 11 (3): 477-489.

PENEDER M R, 2010. The Impact of Venture Capital on Innovation Behavior and Firm Growth [J]. Venture Capital, 12 (2): 83-107.

POLZIN F, SANDERS M, STAVLÖT U, 2018. Do Investors and Entrepreneurs Match? – Evidence from the Netherlands and Sweden [J]. Technological forecasting and social change, 127 (c): 112-126.

RAJAN R, 1992. Insiders and Outsiders: The Choice Between Relationship and Arm's Length Debt [J]. Journal of Finance, (47): 1367-1400.

ROSS S A, 1976. Arbitrage Theory of Capital Asset Pricing [J]. Journal of Economic Theory, 13 (3): 341-360.

ROUSSEAU S, ROUSSEAU R, 1998. The Scientific Wealth of European Nations: Taking Effectiveness into Account [J]. Scientometrics, 42 (1): 75-87.

ROUSSEAU S, ROUSSEAU R, 1997. Data Envelopment Analysis as a Tool for Constructing Scientometrics Indicators [J]. Scientometrics, 40 (1): 45-56.

SARRICO C S, DYSON R, 1998. Performance Measurement in UK Universities: The Institutional Perspective [J]. Warwick Business School Research Bureau (Working paper), (286): 458-469.

SCHUMACKER R, Lomax R, 2004. A beginner's guide to structural equation modeling [M]. 2nd Ed. Lawrence Erlbaum Associates.

SHARPE W F, 1964. Capital-Asset Prices-A Theory of Market Equilibrium under Conditions of Risk [J]. Journal of Finance, 19 (3): 425-442.

SHILLER R L, 1984. Stock-Price and Social Dynamics [J]. Brookings of Papers on Economy Activity, (2): 457-510.

SOLOW R M, 1956. A Contribution to the Theory of Economic Growth [J]. Quarterly Journal of Economics, (70): 65-94.

SOLOW R M, 1957. Technical Change and the Aggregate Production Function [J]. Review of Economics and Statistics, (39): 312-320.

STRAHAN P E, WESTON J P, 1998. Small Business Lending and the Changing Structure of the Banking Industry [J]. Journal of Banking & Finance, 22 (6-8): 821-845.

STULZ R M, 2000. Financial Structure, Corporate Finance and Economic Growth [J]. International Review of Finance, 1 (1): 11-38.

SUNLEY P, KLAGGE B, BERNDT C, MARTIN R, 2005. Venture Capital Programs in the UK and Germany: In What Sense Regional Policy? [J]. Regional Studies, 39 (2): 255-273.

TADESSE S, 2002. Financial Architecture and Economic Performance: International Evidence [J]. Journal of Financial Intermediation, 11 (4): 429-454.

WALLSTEN J S, 1999. Do Government-industry R&D Programs Increase Private R&D? The Case of the Small Business Innovation Research Program [R]. Department of Economics Working Paper, Stanford University.

WANG A, BHATIA M, ZACHARY F, 2009. Angel Finance: The Other Venture Capital [J]. Strategic Change, 18 (7-8): 221-230.

WANG E C, HUANG W, 2007. Relative Efficiency of R&D Activities: A Cross-country Study Accounting for Environmental Factors in the DEA Approach [J]. Research Policy, 36 (2): 260-273.

WEINSTEIN D E, YAFEH Y, 1998. On the Costs of a Bank-Centered Financial System: Evidence from the Changing Main Bank Relations in Japan [J]. Journal of Finance, 53 (2): 635-672.